White Paper Series   Seria

THE LIMBA
ROMANIAN ROMÂNĂ
LANGUAGE IN ÎN ERA
THE DIGITAL DIGITALĂ
AGE

Diana Trandabăț [1, 2]
Elena Irimia [3]
Verginica Barbu Mititelu [3]
Dan Cristea [1, 2]
Dan Tufiș [3]

[1]   University "Alexandru Ioan Cuza" of Iași
[2]   Romanian Academy, Institute of Computer Science
[3]   Romanian Academy, Research Institute for AI

Georg Rehm, Hans Uszkoreit
(editori, editors)

Editors
Georg Rehm
DFKI
Alt-Moabit 91c
Berlin 10559
Germany
e-mail: georg.rehm@dfki.de

Hans Uszkoreit
DFKI
Alt-Moabit 91c
Berlin 10559
Germany
e-mail: hans.uszkoreit@dfki.de

ISSN 2194-1416   ISSN 2194-1424 (electronic)
ISBN 978-3-642-30702-7   ISBN 978-3-642-30703-4 (eBook)
DOI 10.1007/978-3-642-30703-4
Springer Heidelberg New York Dordrecht London

Library of Congress Control Number: 2012942726

Printed on acid-free paper

Springer is part of Springer Science+Business Media (www.springer.com)

PREFAȚĂ PREFACE

Acest studiu face parte dintr-o serie de studii care promovează cunoașterea tehnologiilor limbajului și a potențialului lor. El se adresează jurnaliștilor, politicienilor, comunităților lingvistice și tuturor celor interesați de limba română. În Europa, disponibilitatea și utilizarea tehnologiilor limbajului variază de la o limbă la alta. În consecință, sunt necesare și acțiuni diferite pentru a sprijini în continuare cercetarea și dezvoltarea acestor tehnologii. Acțiunile necesare depind de mai mulți factori, cum ar fi complexitatea unei anumite limbi sau dimensiunea comunității care o folosește. META-NET, o rețea de excelență finanțată de Comisia Europeană, a efectuat o analiză a resurselor și tehnologiilor lingvistice actuale prin intermediul studiilor de față (vezi lista lor la pag. 87). Această analiză s-a concentrat pe cele 23 de limbi oficiale ale Uniunii Europene, precum și asupra altor limbi naționale și regionale importante din Europa. Rezultatele acestei analize indică faptul că există un deficit enorm în sprijinirea tehnologiei și lacune de cercetare semnificative pentru fiecare limbă. Analiza detaliată prezentată și evaluările experților vor contribui la maximizarea impactului cercetărilor ulterioare. META-NET este formată din 54 de centre de cercetare din 33 de țări (în luna noiembrie 2011, vezi pag. 83), care colaborează cu persoane cheie din domeniul afacerilor (companii de software, furnizori de tehnologie, utilizatori), din agenții guvernamentale, organizații de cercetare, organizații nonguvernamentale, comunități lingvistice și universități europene. Împreună cu aceste comunități, META-NET dezvoltă o viziune comună asupra tehnologiei și o agendă strategică de cercetare pentru o Europă multilingvă la nivelul anului 2020.

This white paper is part of a series that promotes knowledge about language technology and its potential. It addresses journalists, politicians, language communities, educators and others.

The availability and use of language technology in Europe varies between languages. Consequently, the actions that are required to further support research and development of language technologies also differs. The required actions depend on many factors, such as the complexity of a given language and the size of its community. META-NET, a Network of Excellence funded by the European Commission, has conducted an analysis of current language resources and technologies in this white paper series (p. 87). The analysis focused on the 23 official European languages as well as other important national and regional languages in Europe. The results of this analysis suggest that there are tremendous deficits in technology support and significant research gaps for each language. The given detailed expert analysis and assessment of the current situation will help maximise the impact of additional research. As of November 2011, META-NET consists of 54 research centres from 33 European countries (p. 83). META-NET is working with stakeholders from economy (Software companies, technology providers, users), government agencies, research organisations, non-governmental organisations, language communities and European universities. Together with these communities, META-NET is creating a common technology vision and strategic research agenda for multilingual Europe 2020.

METANET − office@meta-net.eu − http://www.meta-net.eu

Autorii acestui document sunt recunoscători autorilor studiului pentru limba germană, care le-au permis să (re)folosească în prezentul document anumite materiale independente de limbă [1].

Acest studiu a fost finanţat prin Programul Cadru nr. 7 şi prin Programul de sprijinire a politicii în domeniul Tehnologiilor Informaţiei şi Comunicaţiilor (ICT Policy Support Programme) al Comisiei Europene prin proiectele T4ME (contract nr. 249 119), CESAR (contract nr. 271 022), METANET4U (contract nr. 270 893) şi META-NORD (contract nr. 270 899).

The authors of this document are grateful to the authors of the White Paper on German for permission to re-use selected language-independent materials from their document [1].

The development of this white paper has been funded by the Seventh Framework Programme and the ICT Policy Support Programme of the European Commission under the contracts T4ME (Grant Agreement 249 119), CESAR (Grant Agreement 271 022), METANET4U (Grant Agreement 270 893) and META-NORD (Grant Agreement 270 899).

CUPRINS CONTENTS

LIMBA ROMÂNĂ ÎN ERA DIGITALĂ

THE ROMANIAN LANGUAGE IN THE DIGITAL AGE

REZUMAT

În ultimii 60 de ani, Europa a devenit o structură politică și economică distinctă, păstrându-și însă diversitatea culturală și lingvistică. Acest lucru înseamnă că, de la portugheză la poloneză și de la italiană la islandeză, comunicarea de zi cu zi între cetățenii europeni, precum și comunicarea din domeniile economic și politic, se confruntă inevitabil cu barierele lingvistice. Instituțiile Uniunii Europene cheltuiesc aproximativ un miliard de euro pe an pentru menținerea politicii lor asupra multilingvismului, de exemplu, traducerea textelor și interpretarea discursurilor. Trebuie însă să fie multilingvismul o astfel de povară? Tehnologiile moderne ale limbajului și cercetarea lingvistică pot avea o contribuție semnificativă la reducerea acestor frontiere lingvistice. Combinate cu dispozitive și aplicații inteligente, tehnologiile limbajului vor fi în măsură în viitor să-i ajute pe europeni să comunice cu ușurință unul cu altul și să facă afaceri împreună, chiar dacă nu vorbesc aceeași limbă.

Tehnologiile limbajului construiesc punți de legătură pentru viitorul Europei.

Tehnologia informației ne schimbă viața de zi cu zi. Scriem deja folosind calculatorul, edităm, facem calcule, căutăm informații, dar și, din ce în ce mai des, citim, ascultăm muzică, vedem fotografii și urmărim filme pe calculator. Purtăm calculatoare mici în buzunare și le utilizăm pentru a efectua apeluri telefonice, a scrie e-mailuri, pentru a obține informații de pe Internet și pentru a ne ține de urât, oriunde ne-am afla. În ce mod este afectată limba română de această digitalizare masivă a informațiilor, cunoștințelor și comunicării de zi cu zi? Se va schimba ea sau chiar va dispărea?

Toate calculatoarele noastre sunt legate într-o rețea globală din ce în ce mai densă și puternică. Fata din Buenos Aires, ofițerul vamal din Constanța și inginerul din Katmandu pot discuta cu prietenii lor de pe Facebook, dar este puțin probabil să se întâlnească în comunitățile online și pe forumuri. Dacă vor să afle cum pot trata un țiuit în urechi, probabil vor căuta un răspuns pe Wikipedia, dar chiar și atunci ei nu vor citi același articol. Când internauții Europei discută în forumuri și pe chat efectele accidentului nuclear Fukushima asupra politicii energetice europene, ei fac acest lucru în comunități lingvistice distincte. Deși Internetul conectează, există încă o separare evidentă în funcție de limba folosită de fiecare utilizator. Va fi mereu așa?

Tehnologiile limbajului - cheia spre viitor.

În filmele SF, toată lumea vorbește aceeași limbă. Ar putea fi romana, chiar dacă am avut doar un singur astronaut român? Multe dintre cele 6.000 de limbi nu vor supraviețui într-o societate a informațiilor digitale globale. Se estimează că cel puțin 2.000 de limbi sunt condamnate la dispariție în deceniile următoare. Altele vor continua să joace un rol important în familii și în zone restrânse, dar nu și în lumea academică sau în lumea afacerilor. Care sunt șansele de supraviețuire a limbii române?

Vorbită de aproximativ 29.000.000 de vorbitori în întreaga lume, limba română este prezentă nu doar în cărți, filme sau canale TV, ci și în spațiul informațional digital. Piața Internetului în România este în continuă creștere. Din ce în ce mai mulți români au acces la un calculator acasă, fiind și utilizatori de Internet. Domeniul *.ro* înregistrează 0.4% din paginile web existente în acest moment, comparabil cu domeniul *.eu*.

Limba română prezintă un număr de caracteristici specifice care contribuie la bogăția limbii, dar care pot fi, de asemenea, o provocare pentru prelucrarea computațională a limbajului natural.

Instrumentele de traducere automată și de prelucrare a vorbirii disponibile în prezent pe piață sunt încă departe de standardele la care se așteaptă să ajungă. Actorii dominanți în domeniu sunt, în principal, întreprinderi private cu sediul în America de Nord, axate pe profit. De la sfârșitul anilor 1970, Uniunea Europeană a înțeles importanța tehnologiilor lingvistice ca motor al unității europene și a început finanțarea primelor proiecte de cercetare, cum a fost EUROTRA. În același timp, au fost inițiate proiecte naționale, care au generat rezultate valoroase, dar nu au condus niciodată la acțiuni concertate la nivel european. În contrast cu acest efort de finanțare extrem de selectiv, alte societăți multilingve, cum ar fi India (cu 22 de limbi oficiale) și Africa de Sud (cu 11 limbi oficiale) au înființat de curând programe naționale pe termen lung de cercetare a limbii și dezvoltare tehnologică.

Există unele îngrijorări privind utilizarea din ce în ce mai largă a anglicismelor, și unii lingviști chiar se tem că limba română va fi sufocată de cuvinte și expresii în limba engleză. Studiul nostru indică totuși că această îngrijorare nu este fondată.

Similar procesului de relatinizare din secolul al XIX-lea, de după eliberarea de sub dominația greacă și otomană, limba română a parcurs, în ultimii douăzeci de ani, un proces de trecere de la limbajul totalitar („limba de lemn", discursul unidirecțional etc.) la utilizarea deschisă, în care noi modele lingvistice trebuie să se adapteze la tranziția socială și culturală. Astfel, asemănător multor altor limbi, româna traversează un proces continuu de internaționalizare, sub influența vocabularului anglo-saxon.

Principala noastră grijă nu ar trebui să fie anglicizarea treptată a limbii române, ci dispariția sa completă din domeniile majore ale vieții noastre personale. Nu îngrijorează domenii precum științele, aviația și piețele financiare mondiale, care chiar au nevoie de o *lingua franca* la nivel mondial, ci multe domenii ale vieții de zi cu zi, în care este mult mai important să fii aproape de cetățenii unei țări decât de partenerii internaționali, cum sunt, de exemplu, politicile interne, procedurile administrative, dreptul sau cultura.

Tehnologia informației și comunicației se pregătește acum pentru următoarea revoluție. După calculatoare personale, rețele, miniaturizare, multimedia și dispozitive mobile, următoarea generație de tehnologie va include programe care înțeleg nu doar litere și sunete vorbite sau scrise, ci cuvinte și fraze întregi, și care vin în sprijinul utilizatorului pentru că vorbesc și înțeleg limba lui. Precursorii acestei evoluții sunt serviciul online gratuit Google Translate, care traduce din și spre 57 de limbi, Watson, supercomputerul IBM care a fost capabil să-l învingă pe campionul SUA în jocul „Jeopardy", dar și Siri, asistentul mobil de la Apple pentru iPhone, care poate reacționa la comenzi vocale și poate răspunde la întrebări în limbile engleză, germană, franceză și japoneză.

Următoarea generație de tehnologii informaționale vor stăpâni limbajul uman într-o asemenea măsură, încât utilizatorii umani vor fi capabili să comunice folosind tehnologia în propria lor limbă. Dispozitivele vor fi capabile să găsească în mod automat, la simpla solicitare a utilizatorului printr-o comandă vocală, cele mai importante știri și informații de la magazinul digital de cunoștințe. Tehnologiile bazate pe limbaj vor fi capabile să traducă automat sau să asiste interpreții, să rezume conversații și documente, dar și să asiste activ utilizatorii în procesul de învățare.

Noile tehnologii informaționale și de comunicații vor permite roboților industriali și de servicii (în curs de dezvoltare în prezent în laboratoarele de cercetare) să înțeleagă cu exactitate ceea ce utilizatorii își doresc de la ei și apoi să raporteze cu mândrie realizările lor.

Acest nivel de performanță presupune să trecem cu mult dincolo de simple seturi de caractere și lexicoane, programe de corectare a limbii și reguli de pronunție. Tehnologia trebuie să depășească abordările simpliste și să înceapă să modeleze limbajul într-un mod atotcuprinzător, luând în considerare deopotrivă sintaxa și semantica pentru a înțelege întrebări și a genera răspunsuri complete și relevante.

În cazul limbii române, cercetările din universități și institute de cercetare din România și Republica Moldova au dus la dezvoltarea de sisteme de înaltă calitate, precum și modele și teorii aplicabile pe scară largă. Cu toate acestea, domeniul de aplicare al resurselor, precum și gama de instrumente sunt încă foarte limitate în raport cu resursele și instrumentele existente pentru limba engleză și nu sunt suficiente din punct de vedere calitativ și cantitativ pentru a dezvolta tehnologiile necesare sprijinirii unei societăți a cunoașterii cu adevărat multilingve. Subdezvoltarea care se resimte în zona resurselor lingvistice (cantitativă și calitativă) îngreunează enorm eforturile de dezvoltare a tehnologiilor limbajului și a aplicațiilor.

Tehnologiile limbajului ajută la unificarea Europei.

O situație neclară din punct de vedere juridic restricționează utilizarea textelor digitale, cum ar fi cele publicate on-line de ziare, pentru cercetări empirice lingvistice și pentru tehnologiile limbajului, de exemplu pentru construirea modelelor statistice de limbă. Împreună cu politicienii și factorii de decizie politică, cercetătorii ar trebui să poată contribui la stabilirea unor legi sau reglementări care să le permită să utilizeze textele puse la dispoziția publicului pentru activități de cercetare și dezvoltare legate de limbaj.

Se observă, de asemenea, o lipsă a continuității în finanțarea cercetării și dezvoltării. Programe coordonate pe termen scurt tind să alterneze cu perioade de finanțare insuficientă sau deloc. În plus, există în general o slabă coordonare cu programe din alte țări ale UE și la nivelul Comisiei Europene (cum se întâmplă, de exemplu, cu programele PSP-ICT, care au ca protagoniști și universități din România, dar care nu sunt sprijinite de guvern pentru asigurarea coerentă a cofinanțării). Nevoia de mari cantități de date și complexitatea extremă a sistemelor ce folosesc tehnologia limbajului fac să fie vitală dezvoltarea unei noi infrastructuri și a unei organizări mai coerente a finanțării cercetării în domeniul tehnologiilor limbajului natural, dacă dorim să putem spera la folosirea noii generații de tehnologii ale comunicării și informației în domeniile vieții private sau publice în care vorbim în limba română.

În concluzie, putem considera că deocamdată limba română nu este în pericol. Cu toate acestea, întreaga situație s-ar putea schimba dramatic atunci când o nouă generație de tehnologii începe să stăpânească într-adevăr eficient limbajul uman. Prin îmbunătățiri în traducerea automată, tehnologia limbajului va ajuta la depășirea barierelor lingvistice, dar va fi capabilă să opereze doar între acele limbi care au reușit să supraviețuiască în lumea digitală. Dacă este disponibilă o tehnologie adecvată a limbajului, atunci aceasta va fi în măsură să asigure supraviețuirea limbii, altfel, chiar și limbile „mai mari" vor intra sub o presiune severă.

Dacă ne bazăm pe experiența dobândită până acum, tehnologiile „hibride" de astăzi ale limbajului, care combină prelucrări de adâncime cu metode statistice, par să fie capabile să elimine decalajul dintre limbile europene.

După cum arată această serie de studii, există diferențe dramatice între țările membre ale Uniunii Europene în ceea ce privește disponibilitatea soluțiilor lingvistice și stadiul cercetărilor în țările membre ale Uniunii Europene.

Obiectivul pe termen lung al META-NET este de a introduce tehnologii ale limbajului de calitate ridicată pentru toate limbile, în vederea realizării unității politice și economice prin diversitate culturală. Tehnologia va ajuta la dărâmarea barierelor existente și la construirea unor punți de legătură între limbile din Europa. Acest lucru necesită ca toate părțile – politică, cercetare, afaceri și societate – să își unească eforturile în viitor.

Această serie de studii completează alte acțiuni strategice ale rețelei de excelență META-NET (a se vedea anexa pentru o descriere de ansamblu). Informații actualizate, precum ultima versiune a prezentării viziunii META-NET [2] sau Agenda Strategică de Cercetare, pot fi găsite pe site-ul META-NET: http://www.meta-net.eu.

UN RISC PENTRU LIMBILE NOASTRE: O PROVOCARE PENTRU TEHNOLOGIA LIMBAJULUI

Suntem martorii unei revoluții digitale care are un impact dramatic asupra comunicării și societății. Dezvoltările recente din tehnologia informațiilor și comunicațiilor digitale sunt uneori comparate cu inventarea tiparului de către Gutenberg. Ce ne poate spune această analogie despre viitorul societății informaționale europene în general, și despre viitorul limbilor noastre în particular?

> Revoluția digitală este comparabilă cu inventarea tiparului de către Gutenberg.

Ulterior invenției lui Gutenberg au avut loc progrese reale în comunicare și în schimbul de informație, datorită unor eforturi precum traducerea textelor religioase în limba enoriașilor. În secolele următoare, au fost dezvoltate tehnici culturale pentru a îmbunătăți prelucrarea limbajului și schimbul de cunoștințe:

- Standardizarea ortografică și gramaticală a limbilor importante a permis diseminarea rapidă a noilor idei culturale și științifice.
- Dezvoltarea limbilor oficiale a făcut posibilă comunicarea dintre cetățeni în interiorul anumitor granițe (adeseori politice).
- Predarea și traducerea limbilor străine au facilitat schimburile dintre limbi.

- Crearea de principii jurnalistice și bibliografice a asigurat calitatea și disponibilitatea materialelor imprimate.
- Crearea diferitelor tipuri de media, precum ziarele, radioul, televiziunea, cărțile etc. a satisfăcut nevoia de comunicare.

În ultimii 20 de ani, tehnologia informației a contribuit la automatizarea și facilitarea mai multor procese:

- software-ul pentru tehnoredactare computerizată înlocuiește acum dactilografierea și culegerea textelor.
- Microsoft PowerPoint înlocuiește retroproiectorul.
- Serviciile de e-mail permit trimiterea și primirea de documente mai rapid decât folosind un fax.
- Skype permite convorbiri prin Internet și găzduiește întâlniri virtuale.
- Formatele de codificare audio și video ușurează schimbul de conținut multimedia.
- Motoarele de căutare oferă acces bazat pe cuvinte cheie la un număr din ce în ce mai mare de pagini web.
- Serviciile online precum Google Translate produc traduceri rapide, chiar dacă aproximative.
- Platformele sociale de media, precum sunt Facebook, Twitter și Google+, facilitează colaborarea și partajarea de informații.

Deși astfel de instrumente și aplicații sunt utile, acestea nu sunt suficiente pentru a implementa o societate informațională europeană multilingvă și sustenabilă, în care informația și bunurile să poată circula liber.

2.1 FRONTIERELE LINGVISTICE FRÂNEAZĂ CREAREA UNEI SOCIETĂȚI INFORMAȚIONALE EUROPENE

Nu putem ști cu precizie cum va arăta viitoarea societate informațională. Dar există o mare probabilitate ca revoluția în tehnologia comunicațiilor să faciliteze apropierea între oameni, vorbitori de limbi diferite, în noi moduri. Necesitatea de a comunica forțează oamenii să învețe limbi străine noi, iar pe dezvoltatori îi obligă să creeze noi aplicații tehnologice pentru a asigura înțelegerea reciprocă și accesul la cunoștințele comune. Este limpede că progresul societății impune acum o calitate a comunicării diferită de cea de acum câțiva ani.

Economia și spațiul informațional global ne confruntă cu mai multe limbi, mai mulți vorbitori, mai mult conținut.

Într-un spațiu economic și informațional global, suntem confruntați cu mai multe limbi, mai mulți vorbitori și mai mult conținut și suntem nevoiți să interacționăm rapid cu noi tipuri de media. Popularitatea actuală a mediilor sociale (Wikipedia, Facebook, Twitter și YouTube) reprezintă doar vârful aisbergului.

Astăzi putem recepționa gigaocteți de text din orice colț al planetei în câteva secunde, doar pentru a afla că textul este într-o limbă pe care nu o înțelegem. Potrivit unui raport recent solicitat de Comisia Europeană, 57% dintre utilizatorii de Internet din Europa achiziționează bunuri și servicii în limbi diferite de cea maternă (engleza

este cea mai cunoscută limbă străină, urmată de franceză, germană și spaniolă). 55% dintre utilizatori citesc într-o limbă străină, în timp ce doar 35% utilizează o altă limbă pentru a scrie e-mail-uri sau a publica comentarii pe web [3]. Cu câțiva ani în urmă, engleza era privită ca lingua franca (limba de lucru) a Internetului – o vastă majoritate a conținutului era scrisă în această limbă – dar situația s-a schimbat drastic acum. Cantitatea de conținut online în alte limbi ne-europene (precum cele asiatice sau cele din Orientul Mijlociu) a explodat.

În mod surprinzător, diviziunea digitală accentuată datorată frontierelor lingvistice nu a câștigat încă prea multă atenție în discursul public; totuși, ea ridică o întrebare foarte presantă: „Care dintre limbile europene vor prospera în societatea virtuală a informației și cunoașterii și care sunt sortite dispariției?"

2.2 LIMBILE NOASTRE SUNT ÎN PERICOL

Tiparul, deși a contribuit la un inestimabil schimb de informații în Europa, a condus de asemenea la extincția multora dintre limbile europene. Limbile regionale și minoritare au fost tipărite arareori, iar limbi precum dalmata sau limba din Cornwall au cunoscut doar forme orale de transmitere, care le-au restricționat adoptarea, răspândirea și utilizarea. Va avea Internetul același efect asupra limbilor noastre?

Cele aproximativ 80 de limbi vorbite astăzi în Europa reprezintă unul dintre cele mai bogate și importante bunuri culturale ale sale, dar și o componentă importantă a modelului său social unic [4]. În timp ce limbi populare precum engleza sau spaniola vor rămâne cu siguranță prezente pe piața digitală emergentă, multe limbi europene ar putea fi deconectate de la comunicarea digitală și ar putea deveni irelevante pentru societatea Internetului. O astfel de evoluție ar slăbi poziția Europei pe piața globală și ar fi în contradicție cu obiectivul strategic de asigurare a participării egale a fiecărui cetățean european, indiferent de limba lui.

> Marea varietate de limbi ale Europei este unul dintre cele mai importante bunuri culturale ale sale și o componentă esențială a succesului său social.

Potrivit unui raport recent al UNESCO privind multilingvismul, limbile reprezintă un mediu esențial pentru exercitarea drepturilor fundamentale precum exprimarea politică, educația și participarea în societate [5].

2.3 TEHNOLOGIA LIMBAJULUI ESTE CHEIA ACTIVĂRII TEHNOLOGIEI

În trecut, eforturile de investiții financiare în prezervarea limbilor s-au concentrat asupra educației lingvistice și a traducerii. De exemplu, potrivit anumitor estimări, piața europeană de traducere, interpretare, localizare de software și globalizare a paginilor de Internet a fost estimată la 8,4 miliarde € în 2008 și este de așteptat să crească cu 10% pe an [6]. Totuși, această cifră acoperă doar o mică parte din nevoile curente și viitoare în comunicarea dintre cetățeni. Soluția cea mai convingătoare pentru a asigura amploarea și extinderea utilizării limbilor în Europa de mâine este de a utiliza tehnologiile adecvate, așa cum folosim tehnologiile pentru transport, energie sau alte nevoi.

Tehnologiile limbajului (care acoperă toate formele de texte scrise și discursuri rostite) pot ajuta oamenii să colaboreze, să conducă afaceri, să împărtășească cunoștințe și să participe în dezbateri politice și sociale, independent de barierele lingvistice sau de competențele de lucru cu calculatorul. Tehnologia limbajului operează de obicei în culise, în cadrul unor sisteme complexe, care ne ajută, de exemplu:

- să găsim informații cu un motor de căutare pe Internet;
- să verificăm ortografia și corectitudinea gramaticală cu un editor de texte;
- să vizualizăm recomandări de produse oferite într-un magazin virtual;
- să ascultăm instrucțiunile unui sistem de navigație;
- să traducem pagini web cu un serviciu online.

Tehnologia limbajului constă într-o serie de aplicații de bază care activează procese auxiliare în cadrul unei aplicații mai complexe. Scopul realizării seriei de studii în cadrul proiectului METANET este să descopere cât de avansate sunt aceste tehnologii pentru fiecare dintre limbile europene.

> Europa are nevoie de tehnologii ale limbajului robuste și accesibile, adaptate tuturor limbilor europene.

Pentru a-și menține poziția în prima linie a inovării globale, Europa are nevoie de tehnologii ale limbajului adaptate tuturor limbilor europene, care să fie robuste, accesibile financiar și bine integrate în medii software complexe. Experiența utilizatorului cu mediul virtual în regim interactiv, multimedia și multilingv nu este posibilă fără tehnologia limbajului.

2.4 OPORTUNITĂȚI ALE TEHNOLOGIEI LIMBAJULUI

În lumea tiparului, realizarea tehnologică proeminentă a constat în copierea rapidă a imaginii unei pagini de text folosind un dispozitiv de tipărire. Oamenilor le-a rămas munca grea de a căuta, citi, traduce și rezuma cunoștințe. A trebuit să așteptăm până la Edison pentru a înregistra limba vorbită și, din nou, tehnologia lui a făcut pur și simplu copii analogice.

Tehnologia limbajului digital permite dezvoltarea de aplicații precum traducerea automată, generarea de conținut, procesarea informației și managementul cunoștințelor pentru toate limbile europene. De asemenea, ea poate îmbogăți cu interfețe intuitive, bazate pe limbaj, dispozitive electrocasnice, utilaje, vehicule, computere și roboți. Deși există deja multe prototipuri, aplicațiile comerciale și industriale sunt încă în stadii incipiente de dezvoltare. Realizările recente din cercetare și dezvoltare au creat o adevărată avalanșă de oportunități de aplicare a tehnologiei limbajului (TL). De exemplu, traducerea automată (TA) oferă o acuratețe rezonabilă pentru domenii specifice, iar o serie de aplicații experimentale pot asigura managementul informației și cunoștințelor, precum și producerea de conținut în multe din limbile europene.

Tehnologiile limbajului ajută la depășirea „handicapului" indus de diversitatea lingvistică europeană.

Ca în majoritatea cazurilor, primele aplicații lingvistice, precum interfețe vocale și sisteme de dialog, au fost dezvoltate pentru domenii foarte specializate și prezintă adeseori performanțe limitate. Există oportunități uriașe de piață în sectorul educației și al divertismentului pentru integrarea tehnologiei limbajului în jocuri, site-uri de patrimoniu cultural, oferte „edutainment" (educație prin divertisment), medii de simulare sau programe de formare. Serviciile mobile de informații, software-ul pentru învățarea limbilor străine asistată de calculator, mediile e-learning, instrumentele de autoevaluare și cele de detectare a plagiatului sunt doar câteva exemple de zone ale aplicațiilor în care tehnologia limbajului poate juca un rol important. Popularitatea aplicațiilor de media socială precum Twitter și Facebook sugerează încă o ocazie în care tehnologii sofisticate ale limbajului sunt necesare pentru monitorizarea publicațiilor, rezumarea discuțiilor, identificarea unor curente de opinie, detectarea răspunsurilor emoționale, descoperirea încălcărilor drepturilor de autor sau a situațiilor de abuz.

Tehnologiile limbajului reprezintă o oportunitate uriașă pentru Uniunea Europeană, atât din punct de vedere economic, cât și din perspectivă culturală. Multilingvismul a devenit o regulă în Europa. Companiile, organizațiile și școlile europene sunt, de asemenea, multinaționale și diverse. Cetățenii doresc să comunice dincolo de frontierele de limbă care persistă pe Piața Comună Europeană, iar tehnologiile limbajului pot ajuta la depășirea acestor bariere, sprijinind în același timp utilizarea liberă și deschisă a limbilor. Privind chiar mai departe, o tehnologie europeană a limbajului, inovativă și multilingvă, va putea fi un punct de referință pentru partenerii noștri globali și comunitățile lor multilingve. Tehnologiile limbajului pot fi văzute ca o formă de tehnologie „de asistență" care ajută la depășirea „handicapului" indus de diversitatea lingvistică și face comunitățile lingvistice mai accesibile. Un câmp activ de cercetare este reprezentat de tehnologia dedicată operațiilor de salvare în zonele sinistrate. În astfel de medii cu risc înalt, acuratețea comunicării poate fi o problemă de viață și de moarte. Roboți inteligenți cu capacități multilingve au potențialul de a salva vieți.

2.5 PROVOCĂRILE TEHNOLOGIEI LIMBAJULUI

Deși tehnologia limbajului s-a dezvoltat considerabil în ultimii ani, ritmul actual al progresului tehnologic și al inovării este prea lent. Tehnologiile elementare care sunt utilizate pe scară largă, precum opțiunile de corectare gramaticală și ortografică din editoarele de text, sunt de obicei monolingve și sunt disponibile doar pentru câteva limbi.

Serviciile online de traducere automată, deși sunt utile pentru generarea rapidă a unei aproximări rezonabile a conținutului unui document, întâmpină multe dificultăți atunci când este nevoie de traduceri precise și complete. Datorită complexității limbajului uman, modelarea limbilor noastre în programe software și testarea lor în lumea reală este o întreprindere costisitoare, care necesită angajamente de finanțare susținută. Europa trebuie astfel să își mențină rolul de pionierat în confruntarea cu provocările tehnologice ridicate de o comunitate multilingvă, prin inventarea de noi metode pentru a accelera dezvoltarea. Acestea ar putea include atât noi direcții în tehnici și calcule computaționale, cât și crowdsourcing (exploatarea cunoștințelor maselor).

> Ritmul actual al progresului tehnologic este prea lent.

2.6 ACHIZIȚIA LIMBII DE CĂTRE OM ȘI MAȘINĂ

Pentru a ilustra modul în care computerele prelucrează limbajul și pentru a explica de ce achiziția limbii este o sarcină foarte dificilă, vom arunca o scurtă privire asupra modului în care oamenii achiziționează prima și a doua limbă și apoi asupra modului de funcționare a sistemelor bazate pe tehnologiile limbajului.

> Oamenii achiziționează competențe lingvistice în două moduri diferite: învățând din exemple și învățând regulile care stau la baza limbii.

Oamenii achiziționează competențele lingvistice în două moduri distincte. Copiii învață o limbă ascultând interacțiuni dintre părinți, frați sau alți membri ai familiei. La vârsta de aproximativ doi ani, copiii ajung să producă primele lor cuvinte sau fraze scurte. Acest lucru este posibil pentru că oamenii au o predispoziție genetică pentru a imita și a înțelege ceea ce aud.

Învățarea unei a doua limbi presupune un efort cognitiv mult mai mare atunci când copilul nu este introdus într-o comunitate lingvistică de vorbitori nativi. La vârsta școlară, limbile străine sunt însușite de obicei prin învățarea structurii lor gramaticale, a vocabularului și a ortografiei din cărți și materiale educaționale care descriu cunoașterea lingvistică prin reguli abstracte, tabele sau texte exemplu. Învățarea unei limbi străine presupune mult timp și efort și devine din ce în ce mai dificilă cu înaintarea în vârstă.

Cele două tipuri principale de sisteme de TL achiziționează capacități lingvistice într-o manieră similară oamenilor. Abordările statistice (sau bazate pe date) obțin cunoștințe lingvistice dintr-o colecție vastă de exemple concrete. Dacă pentru anumite sistem, precum corectoarele de limbă, sunt suficiente texte într-o singură limbă, alte aplicații necesită texte în două sau mai multe limbi, cum este cazul sistemelor de traducere automată. Algoritmii statistici de învățare automată „învață" șabloane de traducere corectă a cuvintelor, a frazelor scurte sau chiar a propozițiilor întregi.

Abordarea statistică poate avea nevoie de milioane de exemple, iar calitatea performanței crește odată cu numărului de texte analizate. Acesta este unul dintre motivele pentru care furnizorii de motoare de căutare sunt dornici să colecteze cât mai mult material scris. Corectarea erorilor de scriere în editoarele de text și servicii ca Google Search și Google Translate se bazează pe abordări statistice. Marele avantaj al statisticii este faptul că mașina învață repede, în cicluri repetate de antrenare, deși calitatea învățării poate varia arbitrar.

A doua abordare a tehnologiilor limbajului este dezvoltarea de sisteme bazate pe reguli. Experți din lingvistică, lingvistică computațională sau informatică codifică analize gramaticale (reguli de traducere) și compilează liste de tip vocabular (lexicoane). Realizarea unui sistem bazat pe reguli este o activitate care necesită mult timp și efort intens, dar și experți cu specializare înaltă.

O parte dintre cele mai performante sisteme de traducere automată bazată pe reguli se află în dezvoltare constantă de mai mult de douăzeci de ani. Avantajul acestor sisteme este că experții pot avea un control mai detaliat asupra procesării limbajului. Aceasta face posibilă corectarea sistematică a greșelilor din software și furnizarea de răspunsuri detaliate către utilizator, în special când sistemele bazate pe reguli sunt folosite pentru învățarea unei limbi. Datorită constrângerilor financiare, sisteme de tehnologia limbajului bazate pe reguli au fost până acum dezvoltate doar pentru câteva limbi majore. Deoarece punctele forte și punctele slabe ale sistemelor statistice și ale sistemelor bazate pe reguli tind să fie complementare, cercetările actuale se concentrează pe abordări hibride, care combină cele două metodologii. Totuși, aceste abordări nu au avut până în prezent același succes în aplicațiile industriale ca cel din laboratoarele de cercetare.

După cum am văzut în acest capitol, multe aplicații utilizate pe scară largă în societatea informațională de astăzi se bazează pe tehnologii ale limbajului. Datorită comunității sale multilingve, acest lucru este valabil în special în spațiul economic și informațional din Europa. Deși tehnologia limbajului a făcut progrese considerabile în ultimii ani, există încă un potențial uriaș în îmbunătățirea calității sistemelor bazate pe tehnologii lingvistice. În cele ce urmează, vom descrie rolul limbii române în societatea informațională europeană și vom evalua stadiul actual al cercetărilor în domeniul tehnologiei limbajului pentru limba română.

LIMBA ROMÂNĂ ÎN SOCIETATEA INFORMAȚIONALĂ EUROPEANĂ

3.1 FAPTE GENERALE

Vorbită de aproximativ 29.000.000 de vorbitori [7], limba română este limba maternă a 25.000.000 de vorbitori: în jur de 21.500.000 de vorbitori în România [8] plus aprox. 3.500.000 de vorbitori în Republica Moldova [9] (unde limba este denumită în mod oficial moldovenească). În țările vecine României (Albania, Bulgaria, Croația, Grecia, Ungaria, Fosta Republică Iugoslavă a Macedoniei, Serbia, Ucraina) și în comunitățile de imigranți din Australia, Canada, Israel, America Latină, Turcia, S.U.A. și alte țări europene și asiatice se mai află aproximativ 4.000.000 de vorbitori nativi de română [10].

Româna este, de asemenea, limbă oficială în Provincia Autonomă Voivodina din Serbia, în Muntele Athos autonom din Grecia, în Uniunea Europeană și în Uniunea Latină; ea este recunoscută ca limbă minoritară în Ucraina.

Limba română are 4 dialecte [11]: dacoromâna, aromâna (vorbită de aproximativ 600.000 de vorbitori în Albania, Bulgaria, Grecia și Macedonia), istroromâna (15.000 de vorbitori în 2 zone mici din Peninsula Istria, Croația) și meglenoromâna (în jur de 5.000 de vorbitori în Grecia și Macedonia). Din cauza numărului mic de vorbitori, ultimele trei dialecte sunt incluse în Cartea Roșie a Limbilor pe Cale de Dispariție UNESCO.

În România există 18 minorități etnice recunoscute oficial; conform rezultatelor oficiale ale ultimului recensământ (din 2002), cei mai numeroși erau ungurii (1.431.807) și rromii (535.140), urmați de germani, ucraineni, ruși lipoveni, turci, sârbi, croați, sloveni, tătari, slovaci, bulgari, evrei, cehi, polonezi, greci, armeni etc. Pentru toate minoritățile, politicile lingvistice oficiale în România garantează drepturile acestora de a fi protejate în calitate de comunități lingvistice și de a utiliza limba maternă în medii private și publice, culturale și sociale, economice și de comunicare. Totuși, articolul 13 al Constituției prevede că „în România, limba oficială este română". Mai mult, Legea nr. 500 din 12 noiembrie 2004 stipulează obligația ca orice text (fie el oral sau scris) de interes public să fie tradus sau adaptat în limba română [12].

3.2 PARTICULARITĂȚILE LIMBII ROMÂNE

Limba română este o limbă romanică orientală, care s-a format la distanță de surorile sale occidentale. Elemente ale latinei populare, din care a evoluat, sunt mai bine păstrate în această limbă izolată geografic: s-au moștenit structura morfo-sintactică latinească, particularități pe care alte limbi romanice le-au pierdut (precum declinările), au fost întărite elemente morfologice (reflexivul) sau au fost preluate elemente non-romanice (vocativul în -o).

Cea mai mare parte a vocabularului limbii române are origine latină, fie moștenit din latina vulgară, fie împrumutat pe cale savantă, în epoca modernă. 60% din vocabularul fundamental (cuvintele cunoscute și folosite curent de toți vorbitorii) este moștenit din latină.

În timpul colonizării Daciei de către romani (106–271 d. Hr.), coloniștii au impus limba latină ca limbă oficială. Cu toate acestea, studii comparative între vocabularul românesc și cel albanez dovedesc existența unui număr de aproximativ 100 de cuvinte păstrate din substratul traco-dac. Aceste cuvinte denumesc concepte fundamentale, precum părți ale corpului, elemente naturale, hrană. Ele sunt folosite și astăzi, sunt foarte frecvente, au dezvoltat o polisemie și familii lexicale bogate.

În timpul migrației triburilor slave pe teritoriul României de astăzi, limba română a suferit un proces de transformare în toate compartimentele: fonetică, vocabular, morfologie și sintaxă. Cu toate acestea, morfologia, care dă esența unei limbi, a rămas latinească în cele mai multe aspecte ale sale. Alfabetul chirilic a fost adoptat în această perioadă, mai ales datorită influenței bisericești. Slavona a fost limba în care s-a oficiat serviciul religios în biserica ortodoxă până în secolul al XVIII-lea, când româna a început un proces de relatinizare, modernizare și occidentalizare. Atunci, multe cuvinte de alte origini au fost înlocuite de cuvinte latinești, împrumutate direct sau indirect, prin intermediul altor limbi romanice (franceză și italiană). Franceza, ca limbă de cultură în ultimele două secole, și Franța, ca țara în care aristocrația română își trimitea copiii la învățătură, justifică existența unui număr extrem de mare de cuvinte de această origine în limba română. În ultimul timp, limba engleză a luat locul francezei, iar româna are multe anglicisme, adaptate total, parțial sau deloc la sistemul său fonetic și morfologic.

Aspecte politice, economice și sociale din istoria poporului român explică existența cuvintelor de diverse origini: turcă, greacă, germană, maghiară, bulgară, rusă etc. În română au fost create cuvinte noi mai ales prin sufixare, deși studiile recente reflectă creșterea importanței pe care a căpătat-o în ultima vreme prefixarea (mai multe informații în [13]).

Limba română are cinci litere cu diacritice: ă, î, â, ș, ț. Pentru ultimele două au circulat două variante: una cu virgulă sub literă, alta cu sedilă, însă numai prima variantă este recomandată astăzi de Asociația de Standardizare din România (ASRO).

Multe texte electronice nu sunt scrise cu diacritice, însă au fost create programe pentru a introduce diacriticele în mod automat în astfel de texte.

Limba română are cinci litere cu diacritice: ă, î, â, ș, ț. Pentru ultimele două au circulat două variante: una cu virgulă sub literă, alta cu sedilă, însă numai prima variantă este recomandată.

Limba română prezintă un număr de caracteristici specifice, care contribuie la bogăția limbii, dar pot fi, de asemenea, o provocare pentru prelucrarea computațională a limbajului natural. Sistemul flexionar al limbii române este destul de bogat. Pentru substantive, pronume și adjective există cinci cazuri și două numere. Pronumele pot avea forme accentuate sau neaccentuate (clitice), iar substantivele și adjectivele pot fi articulate sau nearticulate. Verbele au două numere, singular și plural, fiecare cu câte trei persoane, cinci timpuri sintetice plus infinitivul, gerunziul și participiul. În medie, un substantiv poate avea cinci forme, un pronume personal șase, un adjectiv șase, iar un verb peste treizeci. În afară de sufixele morfologice și de desinențe, flexiunea cuvintelor mai prezintă și alternanțe fonetice în interiorul rădăcinii.

Limba română este o limbă cu un sistem bogat de flexionare, cu diferite particularități lingvistice: permite elipsa subiectului, dublarea cliticelor, permite concordanța negativă și negație dublă.

Româna este o limbă care permite nelexicalizarea subiectului pronominal, ca cele mai multe limbi romanice, de altfel:

Ştie.

Explicaţia rezidă în sistemul flexionar bogat al verbelor, care au desinenţe diferite pentru persoane şi numere diferite. Cu toate acestea, şi dublarea subiectului este posibilă în română, atunci când un pronume personal dublează un grup nominal lexical:

Vine el tata imediat!

Structura este caracteristică limbajului familiar, marcând o anumită atitudine ilocuţionară a vorbitorului: ameninţare, promisiune, asigurare verbală.

Româna are în comun cu anumite dialecte spaniole şi cu câteva limbi balcanice o structură cunoscută sub numele de „dublare clitică". Dublarea clitică pronominală în română se face cu pronume neaccentuate de dativ, de acuzativ sau ambele. De exemplu, în propoziţia

I_i l_j-am dat mamei$_i$ pe Ion$_j$ la telefon.

substantivul *mamei* şi cliticul de dativ *i* se referă la aceeaşi persoană, iar cliticul de acuzativ *l-* şi substantivul în acuzativ *Ion* sunt tot coreferenţiale. Prezenţa cliticelor în asemenea construcţii este obligatorie, deşi ele nu complinesc valenţe verbale. Însă atunci când substantivele nu sunt prezente, pronumelor le revine sarcina de a satura valenţele verbale:

I l-am dat la telefon.

Este obligatorie dublarea numelor proprii şi a substantivelor articulate hotărât, cu funcţie sintactică de complement direct sau indirect.

Unele caracteristici lingvistice ale limbii române reprezintă adevărate provocări în cazul prelucrărilor computaţionale.

Limba română prezintă atât fenomenul concordanţei negative (când prezenţa unuia sau mai multor cuvinte negative implică apariţia unui marcator negativ), comun mai multor limbi latine, precum portugheza, spaniola sau franceza, cât şi dubla negaţie (similară dublei negaţii logice, când două negaţii sunt echivalente cu o afirmaţie), care este acceptată de anumite limbi, precum limba engleză, doar pentru realizarea anumitor valenţe stilistice. Un exemplu de concordanţă negativă este:

Nu am văzut pe nimeni niciodată aici.

unde prezenţa marcatorului negativ *nu* în grupul verbal imprimă caracter negativ întregii propoziţii şi accentuează cuvintele negative din respectiva propoziţie.

Totuşi, anumite configuraţii în care apar marcatorii şi cuvintele negative trebuie interpretate ca având dublă negaţie (adică, în ciuda formei negative a verbului predicativ, enunţul are un conţinut afirmativ). De exemplu, o propoziţie principală negativă urmată de o subordonată cu verbul la forma negativă a modului conjunctiv este o astfel de configuraţie cu sens afirmativ:

Maria nu a vrut să nu spună nimic.

este echivalent cu:

Maria a vrut să spună ceva.

Cazul este sintetic în limba română: substantivul îşi schimbă forma pentru exprimarea cazului. Cu toate acestea, există şi trei prepoziţii care marchează cazul: *pe* pentru acuzativ (condiţionată de trăsăturile animat, hotărât şi specific ale grupului nominal), *la* pentru dativ şi *a* pentru genitiv (ambele condiţionate de prezenţa unui numeral în grupul nominal):

- *L-am văzut pe colegul meu.*
- *Am dat cărţile la trei dintre copii.*
- *Cărţile a trei copii erau noi.*

3.3 DEZVOLTĂRI RECENTE

Similar procesului de relatinizare din secolul al XIX-lea, de după eliberarea de sub dominația greacă și otomană, limba română a parcurs, în ultimii douăzeci de ani, un proces de trecere de la limbajul totalitar („limba de lemn", discursul unidirecțional etc.) la utilizarea deschisă, în care noi modele lingvistice trebuie să se adapteze la tranziția socială și culturală. Astfel, asemănător multor altor limbi, româna traversează un proces continuu de internaționalizare, sub influența vocabularului anglo-saxon.

În domenii esențiale, precum științele politice, administrative și economice, în presă, în publicitate, în informatică etc., au fost împrumutate numeroase cuvinte sau cuvinte existente au căpătat sensuri noi, după model englezesc; terminologiile domeniilor noi se bazează pe împrumuturi din engleză, vocabularul activ al oamenilor instruiți conține din ce în ce mai multe anglicisme; se pot observa noi modele intonaționale, precum și tendința de a folosi persoana a doua singular, mai familiară, în locul persoanei a doua plural, mai formală.

În anumite domenii, anglicismele au început să înlocuiască vocabularul limbii române. Un exemplu este folosirea titlurilor englezești pentru anunțuri de locuri de muncă, în special pentru poziții de conducere, de ex. „Human Resource Manager" în loc de *Director de Resurse Umane*. O tendință puternică de a exagera folosirea anglicismelor poate fi observată în reclame. Bănci din România folosesc slogane promoționale de genul: *Cu cine faci banking?* sau *Prima modalitate de plată contactless*, deși *banking* sau *contactless* sunt anglicisme care nu au intrat în vocabularul comun și cu care majoritatea românilor nu sunt obișnuiți.

Exemplul de mai sus demonstrează importanța tragerii unui semnal de alarmă asupra unei dezvoltări care riscă să excludă din societatea informațională o mare parte a populației, care nu este familiară cu limba engleză.

3.4 CULTIVAREA LIMBII ÎN ROMÂNIA

Academia Română, cel mai înalt forum cultural al țării, are printre obiectivele sale principale cultivarea limbii naționale. Scopul major al institutelor sale lingvistice, Institutul de Lingvistică „Iorgu Iordan – Al. Rosetti" din București, Institutul de Filologie Română „A. Philippide" din Iași și Institutul de Lingvistică și Istorie Literară „Sextil Pușcariu" din Cluj-Napoca, a fost crearea și publicarea *Dicționarului Tezaur al Limbii Române*, proces care a durat aproape un secol. Seria mai veche, cunoscută sub numele de *Dicționarul Academiei* (DA), include 5 volume cu 3146 de pagini și 44890 de intrări lexicale și a fost realizată între anii 1913 și 1947. După o întrerupere, lucrul a fost reluat la mijlocul deceniului al șaptelea al secolului trecut cu o serie nouă, cunoscută sub numele de *Dicționarul Limbii Române* (DLR). Ultimul volum a fost publicat la Editura Academiei la începutul lui 2009. În total, DA și DLR au 33 de volume, peste 15000 de pagini și în jur de 175000 de intrări. Dicționarul a fost creat în stilul tradițional, „cu creionul pe hârtie", cu citate adunate din peste 2500 de volume de literatură română scrisă.

Institutul de Lingvistică „Iorgu Iordan – Al. Rosetti" are un program de cercetare ce urmărește cultivarea limbii, elaborează dicționare normative (*Dicționar ortografic, ortoepic și morfologic al limbii române, Dicționarul împrumuturilor neadaptate, Dicționarul termenilor oficiali*) și gramatici (*Gramatica limbii române, Dinamica limbii române actuale*).

Institutul de Filologie Română „A. Philippide" din Iași, prin departamentele specializate, derulează proiecte fundamentale pentru cultura română în domeniile lexicografiei, dialectologiei, toponimiei, etnografiei și folclorului. Institutul din Iași a colaborat cu institutele lingvistice din București și Cluj-Napoca la crearea și publicarea *Atlasului lingvistic pe regiuni*, o operă de importanță majoră pentru lingvistica românească. Pe baza atlaselor regionale din România și a „Atlasului lingvistic moldovenesc" se întocmește la Institutul de lingvistică „Iorgu Iordan – Al. Rosetti" *Atlasul lingvistic român pe regiuni. Sinteză.*

Tot în cadrul Academiei Române funcționează alte două institute care se ocupă de cultivarea limbii române: Institutul de Istorie și Teorie Literară „G. Călinescu" și Institutul de Etnografie și Folclor „C. Brăiloiu". Institutul de Istorie și Teorie Literară „G. Călinescu" are direcții de cercetare precum elaborarea de enciclopedii și lucrări de sinteză fundamentale în domeniul istoriei și teoriei literare, conservarea și dezvoltarea patrimoniului literar național și definirea identității culturale naționale în context european. Institutul de Etnografie și Folclor „Constantin Brăiloiu" este o structură de cercetare multidisciplinară a cărei principală sarcină este elaborarea de studii fundamentale și avansate asupra fenomenului culturii populare tradiționale și contemporane, rurale și urbane, în domeniile folcloristicii (folclor literar), etnomuzicologiei, etnografiei și arhivelor multimedia, neconvenționale, de folclor.

Importante lucrări de etimologie românească, de studii asupra limbii vechi, biblice (precum *Monumenta linguae Dacoromanorum – Biblia 1688*), sau de indexare a lucrărilor marilor scriitori (precum opera lui Eminescu) au fost realizate la Universitatea „Alexandru Ioan Cuza" of Iași.

Legea 500 din 12 noiembrie 2004 prevede ca toate textele scrise sau orale în limba română, care servesc interesul public, să respecte normele academice.

Există în străinătate peste 70 de centre în care se predă limba română ca limbă străină de către cadre didactice din învățământul universitar românesc.

Institutul Limbii Române a fost creat cu scopul de a promova învățarea limbii române peste hotare, de a-i sprijini pe cei care învață limba română și de a le atesta cunoștințele de română [14]. Există în străinătate peste 70 de centre în care se predă limba română ca limbă străină de către cadre didactice din învățământul universitar românesc.

Se constată că străinii manifestă un interes crescând pentru studiul limbii române: la nivel diplomatic (de către reprezentanții misiunilor diplomatice ale diverselor țări), în mediul de afaceri și de către turiști. În afară de universități, care oferă cursuri de română ca limbă străină, de obicei pentru studenții străini din România, există și numeroase firme particulare cu oferte mai ales pentru străinii implicați în sectorul economic. Sunt organizate cursuri de vară de limbă și civilizație română pentru toate nivelurile, anual, în diverse locuri din țară, de Fundația Culturală Română, precum și de câteva instituții de învățământ superior (precum Universitatea „Alexandru Ioan Cuza" din Iași sau Universitatea din București).

Cultivarea limbii în contextul înnoirii accelerate este o prioritate și pentru presă. Canalele naționale de radio și televiziune au emisiuni în care sunt discutate împreună cu specialiști și explicate publicului aspecte mai complicate ale limbii.

3.5 LIMBA ÎN EDUCAȚIE

Conform noului curriculum național (2000), româna se predă 4–5 ore obligatorii pe săptămână în școala gimnazială și 3–4 ore în liceu. Aspectele prescriptive ale conservării limbii se combină cu comunicarea, comportament axat pe competențe, accentuându-se relația limbă-cultură. Limba și literatura română reprezintă o materie obligatorie la examenele naționale (la absolvirea ciclului gimnazial și liceal; bacalaureatul cuprinde două probe de limba română: una orală și alta scrisă). Limba și literatura română se studiază ca specializări principale sau secundare în peste 30 de universități de stat și particulare din România.

3.6 ASPECTE INTERNAȚIONALE

România este recunoscută pe plan internațional pentru literatura sa, lucrările principale ale lui Eminescu (marele poet național al României) fiind traduse în peste 60 de limbi. Alte nume cunoscute din literatura romănă sunt: Mircea Eliade, primul istoric care a scris o istorie a religiilor, Eugen Ionesco, unul dintre promotorii Teatrului Absurdului, sau Emil Cioran, cunoscut pentru filosofia lui. De asemenea, un număr de scriitori contemporani sunt acum traduși în limbi străine: Mircea Cărtărescu, Filip Florian, Radu Aldulescu etc.

În prezent, ca o necesitate de răspândire internațională, o mare parte din publicațiile științifice din domeniul TL sunt scrise în limba engleză, inclusiv cele dedicate cercetărilor în TL pentru limba română, cum sunt lucrările conferinței organizate de Consorțiul de Informatizare pentru Limba Romănă. Folosirea cu predilecție a limbii engleze pentru comunicarea rezultatelor cercetărilor este o caracteristică a majorității domeniilor științei și este mai puțin proeminentă pentru discipline precum filozofie, lingvistică, teologie sau pentru domeniul juridic.

Consorțiul de Informatizare pentru Limba Romănă – ConsILR – organizează anual o conferință internațională dedicată cercetărilor în tehnologia limbajului pentru limba română.

Aceeași situație se întâlnește și în lumea afacerilor. În multe companii internaționale mari, engleza a devenit *lingua franca*, atât în comunicarea scrisă (e-mail și documente), cât și în cea orală, în special în companii multinaționale cu directori străini.

Tehnologiile limbajului pot rezolva aceastä provocare din altă perspectivă prin oferirea unor servicii precum traducerea automată sau regăsirea de informații multilingve în texte redactate în diverse limbi străine, ajutând astfel la diminuarea dezavantajelor personale și economice cu care se confruntă vorbitorii care nu au cunoștințe avansate de limbă engleză.

Minorități romăne trăiesc în țările vecine și în diaspora peste tot în lume. România promovează politici pentru păstrarea identității lingvistice și culturale de către comunitățile românești. Centrul Euxodius Hurmuzachi oferă sute de burse anual în România pentru minoritățile romăne din țările vecine. Sunt multe schimburi școlare și academice, mai ales cu Republica Moldova. Primele extinderi în sistem franciză ale școlilor și universităților din România au apărut în Republica Moldova în anul 2000. Există inițiative diverse în comunități din diaspora, prin care cei interesați pot studia limba și cultura românească. De exemplu, Școala de limba romănă din Kitchener (Canada) oferă ore de limbă și cultură romănă pentru copii și adolescenți. Institutele Culturale Romăne există în 19 orașe din lume (inclusiv București, New York, Paris, Londra, Roma, Istanbul etc.) și toate au drept preocupare importantă promovarea limbii romăne și a civilizației românești prin cursuri și evenimente culturale de diverse tipuri.

3.7 LIMBA ROMÂNĂ PE INTERNET

Piața Internetului în România este în continuă creștere. În 2010, 44,2% dintre romăni aveau acces la un calculator acasă, iar 35,5% (i. e. 7.786.700 de romăni) erau utilizatori de Internet [15] (aproximativ 60% dintre ei fiind utilizatori zilnici), ceea ce plasează România pe locul 8 într-un top 10 al utilizatorilor de Internet din Europa [16]. Peste 500.000 de site-uri web sunt înregistrate cu domeniul *.ro*. Comparând aceste date cu cele din 2000, când numai 3,6% din populație (adică 800.000 de romăni) foloseau Internetul, observăm o creștere de aproape zece ori.

Un studiu al Uniunii Latine din 2007 [17] arată că, similar cu tendința celorlalte limbi neolatine, prezența limbii române pe Internet a crescut din 1998 până în 2007. Împărțind procentul de pagini web pentru fiecare limbă la procentul de prezență relativă a vorbitorilor limbii din lumea reală, s-a calculat vigoarea fiecărei limbi (sau prezența limbilor studiate în spațiul virtual). Deși acest coeficient este considerat unul redus pentru limba română (0,6 în 2007, în comparație cu 4,44 pentru engleză, 2,24 pentru franceză și 2,93 pentru italiană), româna este singura limbă care a cunoscut o creștere la acest capitol în perioada 2005–2007 (înaintea integrării în Uniunea Europeană).

Importanța din ce în ce mai mare a Internetului este critică pentru tehnologia limbajului. Cantitatea mare de date lingvistice digitale constituie o resursă cheie pentru analizarea modului de folosire a limbajului natural, în special pentru colectarea de informații statistice despre șabloane lingvistice. Iar Internetul oferă o gamă largă de domenii de aplicare pentru tehnologia limbajului.

Operația cea mai frecvent utilizată pe web este căutarea, care implică prelucrarea automată a limbajului pe mai multe niveluri, după cum vom arăta mai târziu. Căutarea pe Internet implică tehnologii lingvistice sofisticate, diferite de la o limbă la alta. Un exemplu pentru limba română presupune uniformizarea diacriticelor, dar sunt multe altele ce vor fi detaliate în secțiunea următoare.

Utilizatorii și furnizorii de conținut web pot să folosească tehnologia limbajului în moduri mai puțin evidente, de exemplu, prin traducerea în mod automat a conținutul paginilor web dintr-o limbă în alta. Deși o traducere manuală a conținutului paginilor web ar presupune un cost ridicat, au fost dezvoltate relativ puține tehnologii ale limbajului care să fie aplicate problemei de traducere a site-urilor web. Acest lucru se poate datora complexității limbii române, dar și gamei variate de tehnologii diferite implicate.

Internetul oferă o gamă largă de domenii de aplicare pentru tehnologiile limbajului.

Următorul capitol oferă o prezentare sumară a tehnologiilor limbajului și a aplicațiilor de bază, împreună cu o evaluare a sprijinului acordat în prezent tehnologiilor limbajului pentru limba română.

4

SPRIJIN TEHNOLOGIC PENTRU LIMBA ROMÂNĂ

Tehnologiile limbajului sunt tehnologii informatice specializate pentru lucrul cu limbajul uman, fie el în formă rostită sau scrisă. În timp ce vorbirea este modul cel mai vechi și mai natural al comunicării umane, informațiile complexe și cea mai mare parte a cunoștințelor omenești sunt păstrate și transmise prin texte scrise. Tehnologia vorbirii și a textelor scrise prelucrează și produce limbaj în aceste două modalități de realizare. Dar vorbirea și scrierea au multe aspecte comune, precum lexicul, cea mai mare parte a gramaticii și semantica. De aceea, o mare parte a tehnologiilor limbajului nu poate fi subsumată nici tehnologiei vorbirii, nici tehnologiei textelor scrise. Printre acestea se află tehnologiile care leagă limbajul de cunoaștere. Figura 1 ilustrează peisajul tehnologiilor limbajului.

În comunicare, oamenii combină limbajul cu alte moduri de comunicare și cu alte mijloace de informare. Îmbinăm vorbirea cu gesturile și expresiile faciale. Textele electronice se combină cu imagini și sunete. Filmele pot conține limbaj în formă scrisă și vorbită. De aceea, tehnologia vorbirii și a textelor scrise se suprapune și interacționează cu multe alte tehnologii care facilitează comunicarea multimodală și prelucrarea documentelor multimedia.

În cele ce urmează, vom discuta principalele domenii de aplicații ale tehnologiilor limbajului, cum sunt corectorul de limbă, căutarea pe Internet, tehnologiile vorbirii și traducerea automată. Acestea includ aplicații și tehnologii de bază precum:

- corector gramatical
- sisteme suport pentru autori
- învățarea asistată de calculator a limbilor străine
- regăsirea de informații
- extragerea de informații
- rezumarea automată a textelor
- sistemele de întrebare-răspuns
- recunoașterea vocală
- sinteza vocală.

Tehnologiile limbajului sunt un domeniu de cercetare de sine stătător, cu o bogată literatură de specialitate. Cititorul interesat este invitat să consulte cărțile fundamentale ale domeniului, precum [18, 19, 20, 21, 22]. Înainte de descrierea domeniilor de aplicare enumerate mai sus, vom prezenta pe scurt arhitectura clasică a sistemelor bazate pe tehnologiile limbajului.

4.1 ARHITECTURILE APLICAȚIILOR DIN TEHNOLOGIA LIMBAJULUI

Aplicațiile software tipice pentru prelucrarea limbii constau din câteva componente care reflectă diferite aspecte ale limbii și ale sarcinii pe care o implementează. Figura 2 prezintă arhitectura foarte simplificată a unui sistem de prelucrare a textelor. Primele trei module abordează structura și sensul textului analizat:

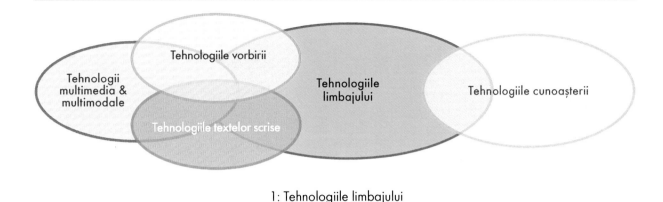

1: Tehnologiile limbajului

1. Preprocesarea: curățarea datelor, eliminarea formatărilor, recunoașterea limbii din textul analizat, înlocuirea diacriticelor greșite cu cele recomandate (de exemplu, înlocuirea lui ş cu sedilă cu ș cu virgulă).

2. Analiza gramaticală: găsirea verbelor și a argumentelor sale, a modificatorilor etc.; recunoașterea structurii propoziționale.

3. Analiza semantică: dezambiguizarea (cu ce sens sunt folosite cuvintele în context?), rezoluția anaforei și a expresiilor referențiale precum "ea", "mașina" etc.; reprezentarea sensului unei propoziții într-un mod accesibil calculatorului.

După analiza textelor, module specifice pot efectua apoi diferite operații, precum rezumare automată a unui text, căutări în baze de date și multe altele.

Mai jos vom ilustra principalele domenii de aplicații și vom evidenția anumite module ale diferitelor arhitecturi în fiecare secțiune. Arhitecturile sunt foarte simplificate și idealizate, servind pentru ilustrarea complexității aplicațiilor tehnologiei limbajului într-o manieră inteligibilă, la modul general. După introducerea principalelor domenii de aplicații, vom face o scurtă prezentare a situației din cercetarea și educația din domeniul tehnologiei limbajului, încheind cu o enumerare a programelor de finanțare. La finalul acestei secțiuni vom prezenta evaluarea de către experți a instrumentelor și

resurselor principale din tehnologia limbajului, pe baza unor criterii precum disponibilitate, maturitate sau calitate. Situația generală pentru limba română este prezentată sub forma unui tabel (Figura 8) la pagina 34, la sfârșitul acestui capitol. Instrumentele și resursele care sunt îngroșate în text sunt enumerate în acest tabel. În încheiere, limba română este comparată, din punctul de vedere al sprijinului acordat tehnologiilor limbajului, cu celelalte limbi europene pentru care au fost create studii similare.

4.2 PRINCIPALELE DOMENII DE APLICAȚII

Această secțiune se concentrează asupra instrumentelor și resurselor TL celor mai importante și oferă o imagine de ansamblu a activităților legate de TL din România și Republica Moldova.

4.2.1 Corector de limbă

Oricine a folosit un instrument de prelucrare a textului precum Microsoft Word a întâlnit o componentă care verifică ortografia, identifică greșelile de scriere și face sugestii de corectură. Primele corectoare ortografice comparau lista cuvintelor extrase din text cu cele dintr-un dicționar de cuvinte scrise corect. Astăzi, aceste pro-

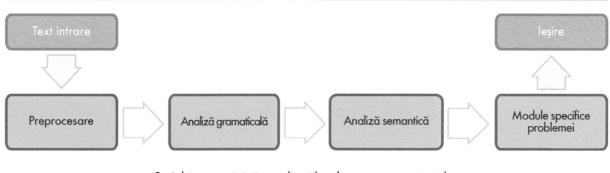

2: Arhitectura tipică a aplicațiilor de procesare a textelor

grame sunt mult mai sofisticate. Folosind algoritmi dependenți de limbă pentru **analiza textelor**, corectoarele ortografice sunt acum capabile să recunoască greșeli de morfologie (de exemplu formele de plural greșite) și de sintaxă, precum lipsa unui verb sau dezacordul în număr și persoană dintre verb și subiect (de exemplu *ei *scrie o scrisoare*). Cu toate acestea, cele mai multe corectoare ortografice disponibile nu vor găsi nicio greșeală în exemplul următor:

> *Neam cumpărat un calculator care sa defec-tat dea doua zi: supt multe cuvinte se pune o linie roșă care nu pot cum sos cot.*

Un corector ortografic probabil va fi capabil să corecteze doar forma *roșă* (o formă arhaică) în *roșie*. Celelalte greșeli (*neam*, *sa*, *dea*, *supt*, *sos*, *cot*) necesită interpretarea contextului, pentru că toate cuvintele aparțin limbii române, dar nu-și au locul în contextele respective. În plus, erori de stil, precum anacolutul din ultima propoziție subordonată (propoziția începe într-un mod care sugerează o anumită finalizare și continuă printr-o schimbare bruscă a construcției logice) implică cunoștințe aprofundate despre structurile sintactice pentru a fi identificate.

Pentru a corecta astfel de greșeli este necesară în multe cazuri analiza contextului, de exemplu, pentru a decide dacă un cuvânt trebuie scris cu sau fără cratimă în română, precum în:

- *Plouă întruna de ieri.*
- *Într-una din zile am să merg la Paris.*

Aceasta presupune fie formularea unor **gramatici** sau reguli gramaticale specifice limbii, transpuse în software de experți, fie utilizarea așa-numitelor modele lingvistice statistice (vezi figura 3). Acestea pot calcula probabilitatea ca un cuvânt să apară într-un anumit context (i. e. cuvintele dinainte și de după). De exemplu, *într-una din zile* este o secvență de cuvinte mult mai probabilă decât *întruna din zile*, iar *plouă întruna* este mai frecventă decât *plouă într-una*. Un model de limbă statistic poate fi creat automat pe baza unei cantități mari de date (corecte) de limbă (ceea ce se numește **corpus textual**). Și totuși, sunt cazuri când nici măcar acesta nu este util:

- *Plouă întruna din primele zile ale lui martie.*
- *Ploua într-una din primele zile ale lui martie.*

Singurul element discriminatoriu aici este verbul. În prima propoziție acesta este la prezent, având un sens durativ. În a doua este la trecut. Numai adnotarea morfosintactică are valoare discriminatorie în asemenea cazuri. Până acum, aceste abordări au fost dezvoltate și aplicate mai ales pe date de limbă engleză. Ele nu pot fi transfe-

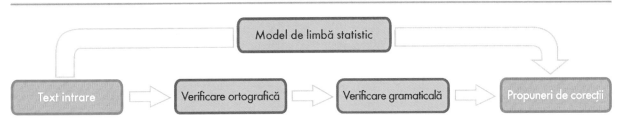

Model de limbă statistic

Text intrare → Verificare ortografică → Verificare gramaticală → Propuneri de corecții

3: Arhitectura generală a unui corector de limbă (sus: statistic, jos: bazat pe reguli)

rate direct în limba română, care are o morfologie mai bogată și construcții specifice.

Verificarea corectitudinii limbii nu se folosește doar pentru instrumentele de prelucrare a textelor, ci și în sistemele suport pentru autori.

Utilitatea verificării limbii nu se limitează la instrumentele de prelucrare a textelor, ci se regăsește și în sistemele suport pentru autori, platforme software în care sunt scrise manuale și alte tipuri se documentații tehnice. Ca urmare a sporirii numărului de produse tehnice, cantitatea de documentații tehnice a crescut vertiginos în ultimele decenii. Pentru a evita reclamațiile clienților în legătură cu utilizarea incorectă și pretențiile pentru pagube rezultate din instrucțiunile greșite sau din înțelegerea greșită a acestora, companiile au început să se concentreze tot mai mult pe calitatea documentației tehnice, țintind în același timp piețele internaționale (prin traducere sau localizare). Evoluția prelucrării limbajului natural a dus la dezvoltarea de software în sprijinul autorilor, care îl asistă pe cel care scrie documentații tehnice să folosească vocabularul și structurile sintactice conforme anumitor reguli industriale și restricții terminologice (ale corporațiilor).

Astăzi nu există companii românești sau furnizori de servicii lingvistice care să ofere astfel de produse, deși cercetătorii din diverse grupuri de prelucrare a limbajului natural au dezvoltat modele de limbă ajustate la particularitățile limbii române. La Institutul de Cercetări pentru Inteligență Artificială al Academiei Române (RACAI) au fost create modele de limbă pentru română pe baza unor corpusuri de mari dimensiuni. Întrucât majoritatea textelor de pe web sunt scrise fără diacritice, RACAI a mai dezvoltat și o aplicație de inserare a diacriticelor [23], care are scopul de a indica diacriticele corecte ale unui cuvânt scris inițial fără diacritice; această aplicație folosește un lexicon românesc de mari dimensiuni dezvoltat în cadrul Institutului și un model de ferestre de 5 caractere pentru a găsi cea mai probabilă interpretare în termeni de diacritice a unui cuvânt necunoscut. Metoda de lucru ia în considerare contextul unui cuvânt în faza de preprocesare prin adnotare morfo-sintactică, esențială pentru alegerea cuvântului corect din lexicon. De exemplu, cuvântul *peste* este transformat în *pește* în:

Am cumpărat peste.

dar este păstrat ca „peste" în

Era un pod peste râu.

Această decizie se bazează pe o etapă anterioară de adnotare morfo-sintactică, în care *peste* din prima propoziție este adnotat cu o etichetă substantivală, iar același cuvânt din a doua propoziție este adnotat cu o etichetă prepozițională.

În limba română, cel puțin 30% dintre cuvintele dintr-o propoziție folosesc semne diacritice, cu o medie de 1.16 semne diacritice per cuvânt. Doar aproximativ 12% din tre aceste cuvinte pot fi transformate imediat în versiunea lor cu diacritice (întrucât forma fără diacritice nu reprezintă un cuvânt valid în dicționarul limbii române). Pentru restul cuvintelor, este necesar programul de descoperire a diacriticelor.

Un alt efort important vine de la Institutul de Matematică și Informatică al Academiei de Științe a Republicii Moldova, care a dezvoltat o colecție de resurse lingvistice reutilizabile pentru limba română, de circa 1 000 000 de forme flexionate, cu informații morfologice, definiții, sinonime, traduceri română-rusă și română-engleză [24]. În afară de corectoarele de limbă și sistemele suport pentru autori, verificarea limbii este importantă și în domeniul învățării limbilor cu ajutorul calculatorului și se folosește la corectarea automată a întrebărilor introduse în motoarele de căutare pe web: vezi sugestiile *Ați vrut să scrieți ...* din Google.

4.2.2 Căutarea pe web

Căutarea pe web, în Intranet sau în biblioteci digitale este probabil cea mai folosită și totuși cea mai subdezvoltată aplicație actuală de tehnologia limbajului. Motorul de căutare Google, care a apărut în 1998, este folosit pentru 80% dintre căutările la nivel mondial [25]. Nici interfața de căutare, nici prezentarea rezultatelor căutării nu s-au schimbat semnificativ de la prima versiune. În actuala versiune, Google oferă corectarea grafică a cuvintelor scrise greșit și încorporează abilități de căutare semantică elementară, care pot îmbunătăți acuratețea căutării prin analiza în context a sensului termenilor din fraza de interogare [26]. Povestea de succes a Google dovedește că, dispunând de o cantitate uriașă de date și de tehnici eficiente de indexare a acestora, o abordare în principal statistică poate conduce la rezultate satisfăcătoare.

Cu toate acestea, pentru o căutare mai sofisticată de informații este esențială integrarea cunoștințelor lingvistice mai detaliate în sisteme de interpretare a textului. Experimentele care folosesc **resurse lexicale** precum tezaure în format electronic sau resurse ontologice (de exemplu WordNet sau echivalentul său românesc Romanian WordNet [27]) au demonstrat îmbunătățiri ale rezultatelor procesului de căutare dacă se folosesc sinonime ale termenilor de căutare, de exemplu *energie atomică* ori *energie nucleară*, sau chiar termeni mai îndepărtați semantic.

Generația următoare a motoarelor de căutare va trebui să includă tehnologii ale limbajului mult mai sofisticate.

Generația următoare a motoarelor de căutare va trebui să includă tehnologii ale limbajului mult mai sofisticate, în special pentru fraze de interogare care constau într-o întrebare sau alt tip de propoziție, și nu o listă de cuvinte-cheie. De exemplu, pentru fraza de interogare „Dă-mi o listă cu toate companiile care au fost preluate de alte companii în ultimii cinci ani", sistemele bazate pe TL trebuie să analizeze propoziția atât din punct de vedere sintactic, cât și semantic. Sistemul trebuie să dispună de un index pentru a regăsi rapid documentele relevante. Un răspuns satisfăcător necesită analiză sintactică pentru identificarea structurii gramaticale a propoziției, dar și o analiză semantică (analiză numită și **interpretarea textelor**) pentru stabili faptul că utilizatorul dorește să găsească companii care au fost preluate, și nu companii care au preluat alte companii. De asemenea, expresia *în ultimii cinci ani* trebuie prelucrată pentru a stabili la ce ani se referă, ținând cont de anul curent. În sfârșit, trebuie încercată potrivirea dintre fraza de interogare și o cantitate uriașă de date nestructurate pentru a găsi informația căutată de utilizator. Acest proces este cunoscut sub numele de „regăsirea informației" și presupune căutarea și ordonarea documentelor relevante. În plus, generarea unei liste de companii presupune că sistemul trebuie să identifice și faptul că un anumit șir de cuvinte dintr-un document se referă la numele unei companii, un proces numit recunoașterea entităților cu nume.

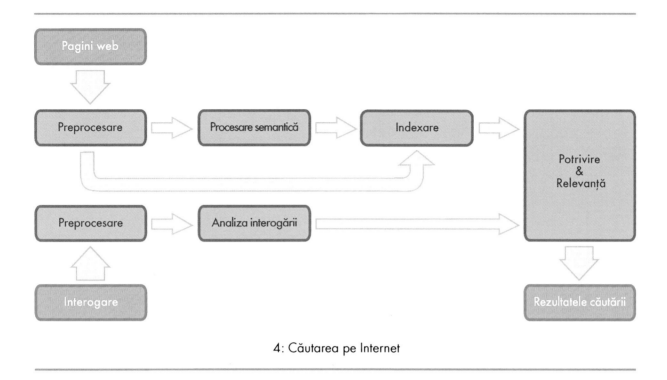

4: Căutarea pe Internet

Și mai solicitantă este încercarea de potrivire a frazei de interogare cu documente scrise în altă limbă. Pentru regăsirea informației la nivel interlingual trebuie să traducem automat fraza de interogare în toate limbile sursă posibile și să transferăm informația regăsită înapoi în limba inițială.

Creșterea fără precedent a cantității de date disponibile în format non-text necesită servicii care să permită regăsirea informației multimedia, prin căutarea în date de tip imagine, audio și video. Pentru fișierele audio și video, aceasta presupune un modul de recunoaștere a vorbirii care convertește conținutul de vorbire în text sau într-o reprezentare fonetică, care va fi apoi comparată cu fraza de interogare.

În România, tehnologiile de căutare bazate pe limbaj natural nu sunt încă vizate de aplicațiile industriale. În schimb, tehnologiile de tip *open source* precum Lucene sunt adesea folosite de companiile care fac căutări pentru a le furniza infrastructura elementară de căutare. Totuși, grupurile de cercetare de la Universitatea „Alexandru Ioan Cuza" din Iași (UAIC) și de la RACAI

au dezvoltat diverse module care constituie partea centrală a unui instrument de căutare semantică, precum analizoare morfo-sintactice, analizoare sintactice, analizoare semantice, programe de recunoaștere a entităților cu nume, instrumente de indexare, programe de regăsire a informației multimedia etc. Acoperirea și eficiența lor sunt însă, deocamdată, destul de limitate.

Astfel, la RACAI, un analizor morfo-sintactic capabil să identifice forma de dicționar și partea de vorbire a cuvintelor din text este disponibil ca serviciu web [28]. De exemplu, dacă fraza de interogare a unui utilizator pentru o căutare pe web conține cuvântul „evenimente", poate fi utilizată rădăcina („eveniment") pentru a efectua căutarea [29].

Alt modul dezvoltat de cercetătorii de la UAIC și de la RACAI este un program de recunoaștere a entităților cu nume, care este capabil să recunoască nume de persoane, de companii, de organizații, de evenimente etc. din texte. De exemplu, pentru propoziția

Maria și-a luat bilet la concertul trupei din vară de la Paris.

acest sistem recunoaște *Maria* ca fiind nume de persoană, *din vară* ca fiind o referință temporală, iar *Paris* ca nume de loc.

Un analizor semantic dezvoltat la UAIC [30], disponibil pentru limba română, poate identifica într-o propoziție rolurile semantice pe care le joacă diferite entități. De exemplu, pentru propoziția de mai sus, sistemul identifică *Maria* ca persoana care face acțiunea și *bilet la concertul trupei* ca obiectul care a fost cumpărat. În mod asemănător, în exemplul

Maria și-a luat fără ezitare bilet pentru a-și vedea trupa preferată.

sistemul recunoaște *fără ezitare* ca modalitatea în care a fost efectuată acțiunea, iar *pentru a-și vedea trupa preferată* ca reprezentând scopul pentru care biletul a fost achiziționat. Acest sistem a fost dezvoltat pe baza unui corpus adnotat cu roluri semantice [31], care a fost creat în încercarea de aliniere a limbii române cu resursele semantice existente pentru limba engleză.

Recent, un grup de cercetători de la UAIC a început o cercetare pentru detectarea și adnotarea automată a imaginilor, în vederea dezvoltării unui instrument de căutare în colecții de imagini [32]. Sistemul este încă într-o fază incipientă.

4.2.3 Interacțiunea vocală

Interacțiunea prin voce face obiectul unui subdomeniu al tehnologiilor limbajului: tehnologii de prelucrare a limbii vorbite. Tehnologiile interacțiunii vocale reprezintă punctul de plecare pentru crearea de interfețe care să permită utilizatorului să interacționeze cu mașinile utilizând limba vorbită mai degrabă decât, de exemplu, o interfață grafică, o tastatură ori un mouse. Astăzi, interfețele vocale cu utilizatorul (VUI – Vocal User Interface) sunt utilizate pentru servicii complet sau parțial

automatizate furnizate de companii, prin telefon, clienților, angajaților, sau partenerilor. Domeniile de afaceri care se bazează foarte mult pe interfețele vocale cu utilizatorul sunt băncile, logistica, transportul public și telecomunicațiile. Alte utilizări ale tehnologiei interacțiunii vocale sunt interfețele pentru sistemele de navigare ale autovehiculelor și utilizarea limbii vorbite ca alternativă la interfețele grafice sau ecranele tactile de pe smartphone-uri.

Interacțiunea vocală cuprinde următoarele patru tehnologii:

1. **Recunoașterea automată a vorbirii**, responsabilă pentru identificarea cuvintelor dintr-o secvență de sunete rostită de utilizator.

2. Analizarea structurii sintactice a enunțului utilizatorului și interpretarea acestuia conform scopurilor sistemului în care este integrată tehnologia.

3. Managementul dialogului, necesar pentru determinarea acțiunii care va fi efectuată în funcție de solicitarea utilizatorului și funcționalitatea sistemului.

4. **Sinteza vorbirii** (în engleză Text-to-Speech – TTS), utilizată pentru transformarea cuvintelor unui text în sunetele.

Tehnologia vorbirii reprezintă punctul de plecare pentru crearea de interfețe care să permită utilizatorului să interacționeze utilizând limbajul vorbit și nu o interfață grafică, o tastatură ori un mouse.

Una dintre provocările majore este realizarea unui sistem de recunoașterea automată a vorbirii care să recunoască cuvintele pronunțate de utilizator cât mai precis cu putință. Acest lucru necesită fie o restrângere a domeniului enunțurilor posibile la un set limitat de cuvinte-cheie, fie crearea manuală a unor modele de limbă care să acopere un interval larg de enunțuri în limbaj natural.

5: Sistem de dialog vorbit

Utilizând tehnici de învățare automată, modelele lingvistice pot fi generate în mod automat din **corpusuri de limbaj vorbit**, colecții mari de fișiere audio și transcrierile lor în text. Restricționarea propozițiilor forțează de obicei oamenii să utilizeze interfețele vocale într-un mod rigid și poate afecta gradul de acceptare din partea utilizatorilor, dar, pe de altă parte, crearea, reglarea și întreținerea unor modele de limbă cât mai exacte cresc semnificativ costurile. Interfețele care folosesc modele de limbă și permit utilizatorului să-și exprime intenția mai flexibil (de exemplu, în care utilizatorul este întâmpinat folosindu-se formularea *Cu ce vă pot ajuta?*) tind să fie mai bine acceptate de către utilizatori.

Pentru componenta de ieșire a unei interfețe vocale cu utilizatorul, companiile tind să utilizeze enunțuri preînregistrate ale unor vorbitori profesioniști. Pentru enunțuri statice, în care rostirea nu depinde de contextul particular de folosire sau de datele personale ale unui anumit utilizator, această soluție va conduce la o experiență plăcută pentru utilizator.

Totuși, cu cât conținutul unui enunț este mai dinamic, cu atât experiența utilizatorului are de suferit pentru că vorbirea a rezultat pur și simplu din concatenarea mai multor fișiere audio conținând silabe și/sau cuvinte. Sistemele actuale de sinteză a vorbirii care folosesc diferite tehnici de optimizare se dovedesc a fi superioare în ceea ce privește naturalețea prozodică a enunțurilor dinamice.

Pe piața interacțiunii vocale, ultimul deceniu a adus o puternică standardizare a interfețelor dintre diferite componente tehnologice. A avut loc o puternică consolidare a pieței în ultimii zece ani, cu precădere în domeniile recunoașterii automate a vorbirii și a sintetizatoarelor de voce. Piețele naționale din țările blocului G20 – altfel spus țări puternice din punct de vedere economic și cu o populație considerabilă – sunt dominate de doar 5 actori mondiali, Nuance (SUA) și Loquendo (Italia) fiind cei mai proeminenți din Europa. În 2011, Nuance a anunțat cumpărarea firmei Loquendo, ceea ce reprezintă un pas esențial în consolidarea pieței.

Domeniul recunoașterii și analizei vorbirii este unul dintre cele mai puțin reprezentate în România. Pe piața românească de sisteme de sinteză a vorbirii, există soluții comercializate de companii internaționale (precum MBROLA sau IVONA), dar rezultatele prezintă o acuratețe și o fluență redusă. Companiile de echipamente auto sau de telecomunicații, precum Continental și Orange, au început recent să aloce resurse pentru departamente specializate în procesarea vorbirii, adaptând soluții deja existente nevoilor lor specifice. Pe de altă parte, cercetări în această direcție au loc la Universitatea Politehnica București și la Institutul de Informatică Teoretică al Academiei Române, Filiala Iași. Majoritatea cercetătorilor se concentrează pe sinteza vorbirii, în timp ce aplicațiile de interpretare a vorbirii sunt mai puțin dezvoltate.

Privind dincolo de starea actuală a tehnologiei, preconizăm schimbări semnificative datorită răspândirii smartphone-urilor ca o nouă platformă pentru administrarea relațiilor cu clienții, alături de canalele mai vechi precum telefon, Internet și email. Această tendință va afecta și modul în care este folosită tehnologia pentru interacțiunea prin voce. Pe de o parte, cererea pentru interfețe vocale bazate pe telefonie va scădea pe termen lung. Pe de altă parte, utilizarea limbii vorbite ca o modalitate convenabilă de interacțiune cu smartphone-ul va căpăta o importanță semnificativă. Această tendință este sprijinită de progresul evident al acurateței sistemelor de recunoaștere a vorbirii independente de vorbitor din cadrul serviciilor de dictare, care sunt deja oferite ca servicii centralizate utilizatorilor de smartphone-uri.

4.2.4 Traducerea automată

Ideea de a folosi calculatoarele pentru traducere a apărut în 1946 la A. D. Booth și a fost urmată de finanțare substanțială pentru cercetări în acest domeniu între anii 1950 și 1980. Cu toate acestea, **traducerea automată** (TA) încă nu a ajuns la nivelul așteptărilor ridicate stabilite în primii ani de la apariția domeniului.

În cea mai simplă formă, traducerea automată înlocuiește pur și simplu cuvintele dintr-o limbă cu echivalentul lor din altă limbă.

În cea mai simplă formă, TA înlocuiește pur și simplu cuvintele dintr-o limbă cu echivalentul lor din altă limbă. Acest lucru poate fi util în domenii cu limbaj foarte restrâns, formalizat, cum sunt de exemplu rapoartele meteo. Însă, pentru o traducere bună a unor texte mai puțin standardizate, trebuie potrivite elemente mai lungi din text (expresii, propoziții sau chiar pasaje întregi) cu fragmentele lor echivalente din limba țintă. Dificultatea majoră aici constă în faptul că limbajul uman este ambiguu, ceea ce ridică provocări pe mai multe niveluri, de exemplu dezambiguizarea sensurilor cuvintelor la nivel lexical (*Jaguar* poate însemna fie o mașină, fie un animal) sau atașarea corectă a grupurilor prepoziționale la nivel sintactic, ca în:

- *Polițistul a văzut omul cu telescopul.*
- *Polițistul a văzut omul cu arma.*

Una din modalitățile de abordare a traducerii automate se bazează pe reguli lingvistice. Pentru traduceri între limbi înrudite, o traducere directă poate fi fezabilă în cazuri precum cele din exemplele de mai sus. Dar, de cele mai multe ori, sistemele bazate pe reguli (sau bazate pe cunoștințe lingvistice) analizează textul de intrare și creează o reprezentare intermediară, simbolică, pe baza căreia este generat textul pentru limba țintă. Succesul acestor metode depinde în mare măsură de disponibilitatea unor lexicoane extinse cu informații morfologice, sintactice și semantice, precum și de existența unor seturi mari de reguli gramaticale atent proiectate de lingviști calificați. Acesta este un proces foarte lung și costisitor.

De la sfârșitul anilor 1980, pe măsură ce puterea de calcul a crescut și a devenit mai puțin costisitoare, au început să atragă interes modelele statistice pentru TA. Parametrii acestor modele statistice sunt derivați din analiza corpusurilor de texte bilingve, numite **corpusuri paralele**, cum este corpusul Europarl, care conține lucrările Parlamentului European în 21 limbi europene. Având date suficiente, TA statistică funcționează suficient de bine pentru a obține un înțeles aproximativ al unui text într-o limbă străină prin prelucrarea versiunilor paralele și identificarea de șabloane posibile de cuvinte. Cu toate acestea, spre deosebire de sistemele bazate pe cunoștințe, sistemele de TA statistică (sau bazate pe date) generează de multe ori texte incorecte gramatical. Avantajele sistemelor statistice de traducere automată sunt puțin efort uman și faptul că pot acoperi particularități ale limbii, precum expresiile idiomatice, care nu sunt de obicei tratate în sistemele bazate pe cunoștințe.

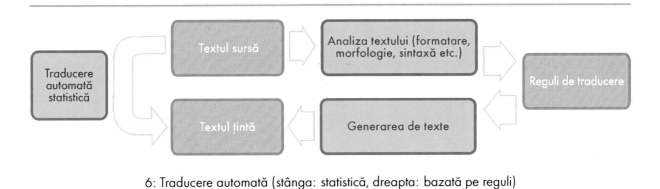

6: Traducere automată (stânga: statistică, dreapta: bazată pe reguli)

Deoarece avantajele și dezavantajele sistemelor de TA bazate pe date și ale celor bazate pe cunoștințe sunt complementare, cercetătorii folosesc în prezent, aproape în unanimitate, abordări hibride, care combină cele două metodologii. Un astfel de sistem folosește atât sisteme de TA bazate pe cunoștințe, cât și a sisteme bazate pe date, dar și un modul de selecție care decide, pentru fiecare propoziție, care dintre cele două traduceri este mai bună. Cu toate acestea, pentru propoziții mai lungi de 12 cuvinte, de exemplu, nici una dintre traduceri nu va fi perfectă. O soluție mai bună combinarea, pentru fiecare propoziție, a secvențelor traduse corect de sisteme diferite, sarcină destul de complexă, deoarece nu este totdeauna evident care este corespondența dintre diferite alternative și este necesară o aliniere.

Calitatea sistemelor de TA poate fi încă mult îmbunătățită. Modificările includ adaptabilitatea resurselor lingvistice la diferite domenii sau utilizatori, precum și integrarea tehnologiilor în platforme existente cu memorii de traducere sau baze de date de termeni. O altă problemă este faptul că cele mai multe sisteme actuale sunt centrate pe limba engleză, iar traducerile din/spre limba română nu sunt încă suficient de precise. Acest lucru duce la încetinirea fluxului de traducere și forțează utilizatorii de TA să învețe să folosească diferite instrumente pentru codificarea dicționarelor pentru fiecare sistem, pentru a le îmbunătăți traducerile oferite.

Campanii de evaluare sunt folosite pentru compararea sistemelor de traducere automată, a diferitelor abordări și a situației existente pentru diferite limbi. Figura 7 (p. 28), prezentată în cadrul proiectului european Euromatrix+, arată performanțele obținute de sisteme la traducerile automate încrucișate în 22 din cele 23 de limbi oficiale ale Uniunii Europene (limba irlandeză nu a fost comparată), raportate la scorul BLEU [33], unde un scor mai mare indică o traducere mai bună. Un traducător uman ar avea un scor de aprox. 80 puncte.

Cele mai bune rezultate (în verde și albastru) le au limbile care beneficiază de eforturi de cercetare considerabile în domeniul TA în cadrul unor programe coordonate și de existența unor corpusuri paralele substanțiale (ex. engleză, franceză, olandeză, spaniolă, germană). Rezultatele cele mai slabe (în roșu) sunt obținute de limbi care nu beneficiază de eforturi similare sau care sunt foarte diferite din punctul de vedere al comportamentului lingvistic față de alte limbi (ex. ungară, malteză, finlandeză).

Domeniul traducerii automate este, în ochii investitorilor, cel mai atractiv domeniu dintre tehnologiile limbajului. Astfel, companii precum Language Weaver lucrează în domeniul traducerilor din/spre română folosind diferite tehnologii lingvistice. Sistemele majore online de traducere automată cuprind limba română atât ca limbă sursă, cât și ca limbă țintă, însă de cele mai multe ori traducerea este mediată prin limba engleză. De ase-

	Limbă țintă — Target language																					
	EN	BG	DE	CS	DA	EL	ES	ET	FI	FR	HU	IT	LT	LV	MT	NL	PL	PT	RO	SK	SL	SV
EN	–	40.5	46.8	52.6	50.0	41.0	55.2	34.8	38.6	50.1	37.2	50.4	39.6	43.4	39.8	52.3	49.2	55.0	49.0	44.7	50.7	52.0
BG	61.3	–	38.7	39.4	39.6	34.5	46.9	25.5	26.7	42.4	22.0	43.5	29.3	29.1	25.9	44.9	35.1	45.9	36.8	34.1	34.1	39.9
DE	53.6	26.3	–	35.4	43.1	32.8	47.1	26.7	29.5	39.4	27.6	42.7	27.6	30.3	19.8	50.2	30.2	44.1	30.7	29.4	31.4	41.2
CS	58.4	32.0	42.6	–	43.6	34.6	48.9	30.7	30.5	41.6	27.4	44.3	34.5	35.8	26.3	46.5	39.2	45.7	36.5	43.6	41.3	42.9
DA	57.6	28.7	44.1	35.7	–	34.3	47.5	27.8	31.6	41.3	24.2	43.8	29.7	32.9	21.1	48.5	34.3	45.4	33.9	33.0	36.2	47.2
EL	59.5	32.4	43.1	37.7	44.5	–	54.0	26.5	29.0	48.3	23.7	49.6	29.0	32.6	23.8	48.9	34.2	52.5	37.2	33.1	36.3	43.3
ES	60.0	31.1	42.7	37.5	44.4	39.4	–	25.4	28.5	51.3	24.0	51.7	26.8	30.5	24.6	48.8	33.9	57.3	38.1	31.7	33.9	43.7
ET	52.0	24.6	37.3	35.2	37.8	28.2	40.4	–	37.7	33.4	30.9	37.0	35.0	36.9	20.5	41.3	32.0	37.8	28.0	30.6	32.9	37.3
FI	49.3	23.2	36.0	32.0	37.9	27.2	39.7	34.9	–	29.5	27.2	36.6	30.5	32.5	19.4	40.6	28.8	37.5	26.5	27.3	28.2	37.6
FR	64.0	34.5	45.1	39.5	47.4	42.8	60.9	26.7	30.0	–	25.5	56.1	28.3	31.9	25.3	51.6	35.7	61.0	43.8	33.1	35.6	45.8
HU	48.0	24.7	34.3	30.0	33.0	25.5	34.1	29.6	29.4	30.7	–	33.5	29.6	31.9	18.1	36.1	29.8	34.2	25.7	25.6	28.2	30.5
IT	61.0	32.1	44.3	38.9	45.8	40.6	26.9	25.0	29.7	52.7	24.2	–	29.4	32.6	24.6	50.5	35.2	56.5	39.3	32.5	34.7	44.3
LT	51.8	27.6	33.9	37.0	36.8	26.5	21.1	34.2	32.0	34.4	28.5	36.8	–	40.1	22.2	38.1	31.6	31.6	29.3	31.8	35.3	35.3
LV	54.0	29.1	35.0	37.8	38.5	29.7	8.0	34.2	32.4	35.6	29.3	38.9	38.4	–	23.3	41.5	34.4	39.6	31.0	33.3	37.1	38.0
MT	72.1	32.2	37.2	37.9	38.9	33.7	48.7	26.9	25.8	42.4	22.4	43.7	30.2	33.2	–	44.0	37.1	45.9	38.9	35.8	40.0	41.6
NL	56.9	29.3	46.9	37.0	45.4	35.3	49.7	27.5	29.8	43.4	25.3	44.5	28.6	31.7	22.0	–	32.0	47.7	33.0	30.1	34.6	43.6
PL	60.8	31.5	40.2	44.2	42.1	34.2	46.2	29.2	29.0	40.0	24.5	43.2	33.2	35.6	27.9	44.8	–	44.1	38.2	38.2	39.8	42.1
PT	60.7	31.4	42.9	38.4	42.8	40.2	60.7	26.4	29.2	53.2	23.8	52.8	28.0	31.5	24.8	49.3	34.5	–	39.4	32.1	34.4	43.9
RO	60.8	33.1	38.5	37.8	40.3	35.6	50.4	24.6	26.2	46.5	25.0	44.8	28.4	29.9	28.7	43.0	35.8	48.5	–	31.5	35.1	39.4
SK	60.8	32.6	39.4	48.1	41.0	33.3	46.2	29.8	28.4	39.4	27.4	41.8	33.8	36.7	28.5	44.4	39.0	43.3	35.3	–	42.6	41.8
SL	61.0	33.1	37.9	43.5	42.6	34.0	47.0	31.1	28.8	38.2	25.7	42.3	34.6	37.3	30.0	45.9	38.2	44.1	35.8	38.9	–	42.7
SV	58.5	26.9	41.0	35.6	46.6	33.3	46.6	27.4	30.9	38.9	22.7	42.0	28.2	31.0	23.7	45.6	32.2	44.2	32.7	31.3	33.5	–

7: Traducere automată între 22 de perechi de limbi — Machine translation between 22 EU-languages [34]

menea, există în mediul online o multitudine de dicționare pentru limba română.

Eforturi importante de cercetare au fost și continuă să fie dedicate domeniului traducerii automate cu româna ca limbă sursă sau țintă. Au fost raportate rezultate mai bune, comparativ cu rezultatele sistemului Google Translate, pentru un experiment de traducere bazată pe date pentru perechea de limbi română-engleză [35].

La RACAI, de mai bine de 5 ani se experimentează cu diferite abordări: traducere automată bazată pe exemple, traducere automată statistică, extragerea de traduceri din corpusuri paralele etc.

Două teze de doctorat, însoțite de mai multe articole științifice și susținute de diferite proiecte naționale sau internaționale, precum STAR și ACCURAT, sunt dedicate acestui domeniu [36, 37].

4.3 ALTE DOMENII DE APLICAȚII

Construirea de aplicații bazate pe tehnologiile limbajului implică o varietate de subprobleme care nu apar întotdeauna la nivelul interacțiunii cu utilizatorul, dar oferă funcționalități semnificative „în culisele" sistemului. Din acest motiv, ele constituie domenii importante de cercetare care au devenit discipline de sine stătătoare ale lingvisticii computaționale.

Sistemele de Întrebare-Răspuns (ÎR) reprezintă o zonă importantă a cercetării, pentru care au fost construite corpusuri adnotate și au fost inițiate competiții științifice. Ideea este trecerea de la căutarea bazată pe cuvinte-cheie (în care sistemul răspunde printr-o colecție de documente cu posibilă relevanță) la scenariul în care utilizatorul pune o întrebare concretă și sistemul oferă un singur răspuns. De exemplu:

Întrebare: La ce vârstă a pășit Neil Armstrong pe lună? – Răspuns: La 38 de ani.

Deși acest domeniu este în mod evident legat de domeniul căutării pe Internet, sistemele ÎR au devenit un termen general pentru cercetări de genul: ce tipuri de întrebări există și cum trebuie ele tratate, cum poate o colecție de documente cu un posibil răspuns să fie analizată și comparată (de exemplu, pentru detectarea răspunsurilor conflictuale) și cum poate fi extras dintr-un document o informație specifică (răspunsul) fără a ignora contextul.

Aplicațiile bazate pe tehnologiile limbajului oferă de cele mai multe ori funcționalități semnificative „în culisele" sistemelor software complexe.

Acest domeniu este strâns legat de cel al extragerii de informații (EI), o zonă extrem de populară și influentă în perioada statistică a lingvisticii computaționale, încă de la începutul deceniului 1990. Sistemele de EI identifică fragmente de informație în clase de documente; de exemplu, detectarea persoanelor cheie în preluările de companii, după cum sunt raportate în ziare. Alt scenariu comun care a fost studiat este reprezentat de rapoartele asupra incidentelor teroriste. În acest caz, problema se reduce la potrivirea pe text a unui șablon care specifică atentatorul, ținta, locul și momentul incidentului, precum și rezultatul acestuia. Caracteristica principală a sistemelor de EI este completarea unor șabloane specifice fiecărui domeniu, din acest motiv fiind un exemplu de tehnologie din culise care constituie o arie de cercetare bine delimitată, dar care necesită precizarea explicită a tipurilor de informații de interes pentru fiecare domeniu de aplicație.

Două zone de limită, care uneori joacă rolul de aplicații independente, iar alteori de componente din culise, sunt rezumarea automată și **generarea de texte**. Rezumarea se referă în esență la scurtarea unui text lung și este oferită ca funcționalitate, de exemplu, în MS Word. Una dintre abordările rezumării automate are baze statistice, identificând cuvinte „importante" din text (de

exemplu cuvinte care au frecvență mare în text și care sunt mai puțin frecvente în utilizarea comună a limbajului) și apoi determinând acele propoziții care conțin aceste cuvinte importante. Propozițiile sunt apoi marcate în document sau extrase din el, pentru a constitui rezumatul. În acest scenariu, rezumatul este o extragere de propoziții, iar textul este redus la un subset din propozițiile sale.

Un dezavantaj al acestei abordări este faptul că ignoră expresiile deictice care pot apărea în textul inițial și care vor fi păstrate în rezumat. Dacă, din cauza eliminării de propoziții, antecedentul acestor referințe nu mai este prezent, rezumatul rezultat poate deveni de neînțeles. De exemplu, pentru textul:

Hercule, dintre toți copiii nelegitimi ai lui Zeus, părea să fie centrul mâniei Herei. Pe când el era doar un copil, ea a trimis un șarpe cu două capete să-l atace.

rezumatul acestui fragment ar putea fi, folosind metoda de eliminare a propozițiilor:

Ea a trimis un șarpe cu două capete să-l atace.

ceea ce este destul de greu de înțeles dacă nu există nici o explicație despre cine este *ea* sau *el* (din cliticul *-l* se înțelege doar că există o persoană atacată care este de genul masculin).

O modalitate de a spori coerența acestor rezumate este de a deriva inițial structura de discurs a textului și de a ghida selecția propozițiilor care urmează a fi introduse în rezumat folosind un scor care să țină cont și de relevanța propoziției în discurs, dar și de coerența textului, rezultată din rezoluția anaforelor [38]. Pentru rezumatul dat ca exemplu mai sus, rezoluția anaforelor presupune identificarea relației dintre *ea* și *Hera* și dintre *-l* și *Hercule*. Astfel, rezumatul devine inteligibil:

Hera a trimis un șarpe cu două capete să-l atace pe Hercule.

Sistemul de rezumare automată dezvoltat de UAIC a adoptat această metodă, producând rezumate foarte bune pentru texte de dimensiuni reduse [39]. Această direcție este dezvoltată în continuare la UAIC prin introducerea informațiilor semantice în rezumarea automată [40].

O metodă alternativă căreia îi sunt dedicate multe cercetări este sintetizarea de *noi* propoziții, adică construirea unui rezumat din propoziții care nu sunt neapărat și în textul inițial. Această metodă necesită o înțelegere mai profundă a textului (ceea ce este mai costisitor din punctul de vedere al resurselor computaționale și mai greu de realizat), dar poate fi aplicată cu succes pentru texte mai lungi. De exemplu, pentru română nu este relevant calculul celor mai frecvente cuvinte (pentru că acestea vor fi cuvintele funcționale gen *și, iar, dar, al* etc.) și nici structura de discurs (aceasta fiind mult prea stufoasă). În aceste cazuri, alte metode pot fi aplicate, ca de exemplu expandarea unui set de șabloane flexibile predefinite (bazate, de pildă, pe identificarea tipului de discurs sau pe anumite informații despre personajele principale, timpul sau locul intrigii).

Un generator de text nu este, în majoritatea cazurilor, o aplicație de sine stătătoare, ci este inclus într-o platformă software mai largă, așa cum într-un sistem de management medical sunt colectate, stocate și procesate informații despre pacient, iar generarea rapoartelor este doar o funcționalitate.

Pentru limba română, cercetările în majoritatea domeniilor bazate pe tehnologiile textului sunt mai puțin dezvoltate decât pentru limba engleză.

Limba română, ca limbă țintă pentru cercetările din toate aceste domenii, este mai puțin investigată decât limba engleză, unde sistemele de întrebare-răspuns, de extragere de informații sau de rezumare automată au fost, încă din anii 1990, subiectul a numeroase competiții, precum cele organizate de DARPA/NIST în Statele Unite sau campaniile CLEF în Europa. Totuși, echipe de cercetători români de la UAIC și RACAI au participat, începând cu anul 2006, la competiții de întrebare-răspuns cu sisteme proprii și rezultate foarte bune [41]. Principalul dezavantaj este dimensiunea redusă a corpusurilor adnotate sau alte resurse necesare dezvoltării acestor domenii. Sistemele de rezumare automată, dacă folosesc doar metode statistice, sunt în mare măsură independente de limbă, astfel că există prototipuri care pot fi aplicate și pentru limba română. La UAIC, un instrument de rezumare bazat pe structura discursului și pe rezoluția anaforei este disponibil pentru texte în limba română.

Domenii adiacente în care cercetători români au fost implicați cuprind lexicologia computațională, e-learning și analiza sentimentelor și a opiniilor.

Un consorțiu de trei institute de cercetare lingvistică, două institute de cercetare în informatică și o universitate (UAIC), a fost implicat recent în transformarea în format electronic a Dicționarului Tezaur al Limbii Române, care însumează 33 de volume, redactate din 1913 până în prezent. Obiectivul principal a fost transformarea celor aprox. 15.000 de pagini ale dicționarului într-un format electronic structurat, care să permită căutări complexe, dar și o editare și o activitate de actualizare mai ușoară [42].

Accesul la materialul lexicografic al limbii este facilitat și de rețelele semantice sub formă de wordnets (rețele de cuvinte). WordNet-ul românesc este în lucru de peste 10 ani și conține mai mult de 57.000 de serii sinonimice (synset-uri) în care apar aprox. 60.000 de cuvinte, distribuite între patru părți de vorbire: substantive, verbe, adjective și adverbe. Fiecare synset conține un set de cuvinte (cu un număr de sensuri asociate) care sunt sinonime. Synset-urile sunt noduri ale rețelei, în timp ce arcele sunt relațiile semantice dintre synset-uri: hiponimie, hiperonimie, meronimie, implicație, cauză și altele. WordNet-ul românesc este aliniat cu Princeton WordNet [43] (varianta pentru limba engleză), primul și cel mai mare wordnet dintre cele existente pentru diferite limbi. Synset-urile au etichete DOMENIU: fiecare synset este etichetat cu numele domeniului în care este folosit. Mai mult, WordNet-ul romănesc este aliniat cu cea mai mare ontologie disponibilă gratuit, SUMO&MILO [44], și este folosit în diverse aplicații dezvoltate pentru limba romănă: sisteme de întrebare-răspuns, dezambiguizarea sensurilor cuvintelor, traducere automată.

O aplicație experimentală dezvoltată la Laboratorul de Inginerie a Limbajului Uman, de la Universitatea Tehnică a Republicii Moldova, Chișinău, este o bază de date de asocieri de cuvinte pentru limba romănă [45]. O problemă esențială pentru cercetătorii din domeniul lingvisticii cognitive este modul de asociere a cuvintelor limbii. Baza de date creată poate fi folosită în domenii precum prelucrarea limbajului natural, lexicografie etc.

Un alt domeniu în care cercetătorii din UAIC au fost implicați este e-learning, prin încorporarea instrumentelor multilingve de tehnologie a limbajului și tehnici de semantică web pentru îmbunătățirea regăsirii de materiale de învățare. Tehnologia dezvoltată facilitează accesul personalizat la cunoaștere în cadrul sistemelor de gestionare a învățării și ajută la operarea colectivă a datelor în gestionarea conținutului.

Cel mai nou domeniu de interes pentru tehnologiile limbajului este analiza sentimentelor și a opiniilor. Astfel, fiind dat un text, un program identifică dacă acesta are o încărcătură emoțională pozitivă sau negativă. Cercetări în acest domeniu, pentru limba romănă, au început la RACAI cu utilizarea SentiWordNet, o adnotare la sentimente a WordNet-ului [46]. La UAIC, cercetări în această direcție au implicat colaborarea cu fundația Intelligentics din Cluj-Napoca pentru dezvoltarea unui sistem capabil să monitorizeze web-ul și să extragă opinia utilizatorilor (din forumuri, bloguri, rețele sociale etc.) referitoare la diferite produse [47]. La Labo-

ratorul de Inginerie a Limbajului Uman din cadrul Universității Tehnice a Republicii Moldova, lucrul la analiza sentimentelor a dus la traducerea WordNet-Affect [48], care conține informații despre încărcătura emoțională a cuvintelor, în limbile romănă și rusă. WordNet-Affect a fost inițial dezvoltat pe baza resursei lexicale WordNet, prin atribuirea de etichete afective synset-urilor din Princeton WordNet [49]. Cuvintele etichetate ca având încărcătură emoțională au fost clasificate ulterior în șase categorii: bucurie, frică, supărare, tristețe, dezgust și surpriză. WordNet-Affect este disponibil gratuit pentru cercetare [50].

4.4 PROGRAME EDUCAȚIONALE

Tehnologiile limbajului sunt un domeniu interdisciplinar, care implică expertiza lingviștilor, informaticienilor, statisticienilor, psiholingviștilor. Până acum nu și-a stabilit un loc fix în sistemul de învățământ din România. Multe universități din România și din Republica Moldova au introdus recent cursuri de prelucrare a limbajului natural și lingvistică computațională la nivelul studiilor universitare, de masterat și doctorat. Din 2001, un masterat în lingvistică computațională a fost introdus în curricula Facultății de Informatică a Universității „Alexandru Ioan Cuza" din Iași. Totuși trebuie conceput un sistem consolidat de educație superioară în procesarea limbajului natural și lingvistică computațională.

Cele mai reprezentative centre în lingvistica computațională a limbii romăne sunt în România la București, Iași, Cluj-Napoca, Timișoara și Craiova, iar în Republica Moldova la Chișinău. Din multitudinea de centre de cercetare și universități în care se lucrează în domeniul tehnologiilor limbajului, putem menționa Institutul de Cercetări pentru Inteligență Artificială, Academia Romănă; Institutul de Informatică Teoretică al Academiei Române, Filiala Iași; Departamentul de Informatică al Universității „Alexandru Ioan Cuza" din Iași; Facultatea de Matematică și Informatică a Universității Babeș-Bolyai din Cluj-Napoca; Institutul de Matematică și Informatică al Academiei de Științe a Republicii Moldova; Laboratorul de Inginerie a Limbajului Uman din cadrul Departamentului de Informatică Aplicată al Facultății de Calculatoare, Informatică și Microelectronică a Universității Tehnice din Republica Moldova și altele. Unele dintre aceste centre colaborează la proiecte naționale și internaționale din domeniul tehnologiilor limbajului.

Punctele comune de întâlnire ale celor mai mulți cercetători din domeniul TL sunt, pe lângă conferințele internaționale din străinătate, o serie de evenimente internaționale și naționale care adună tinerii și cercetătorii cu experiență, lingviști și informaticieni, ținute periodic în România: conferințele anuale ale Consorțiului de Informatizare pentru Limba Română – ConsILR [51], seria de școli de vară internaționale EUROLAN, conferințele SPED – Tehnologiile vorbirii și interacțiunea om – calculator, conferințele KEPT – Ingineria cunoașterii: principii și tehnici, conferințele ECIT – Conferința europeană pe domeniul sistemelor și tehnologiilor inteligente etc.

Lingvistica computațională este un domeniu interdisciplinar și este studiat fie la facultăți de informatică, fie la facultăți de științe umaniste. Acest lucru este un dezavantaj pentru domeniul TL, deoarece studiul lingvisticii computaționale este astfel orientat fie pe aspectele lingvistice, fie pe cele de inginerie, iar suprapunerile sunt doar parțiale. Alt dezavantaj al acestui peisaj este implicarea minoră a companiilor din domeniul Tehnologiilor Informației și Comunicării în cercetarea în TL (deși recent au început să fie prezente în viața educațională prin oferirea de stagii de practică).

4.5 PROIECTE ȘI EFORTURI NAȚIONALE

Firmele care folosesc și furnizează TL în România sunt cu siguranță importante (SOFTWIN, Continental, Microsoft România etc.), dar este necesară o mai bună colaborare între ele și institutele de cercetare și universități, care sunt cel mai activ implicate în cercetarea din acest domeniu. O problemă importantă este „caracterul ezoteric" al TL, care ar putea fi rezolvată printr-o strategie bună de marketing. Industria limbajului nu este un angajator important în România, puține companii din domeniul Tehnologiilor Informației și Comunicării (TIC) având deja departamente de TL. Programele naționale anterioare au avut un impuls inițial, dar lipsa ajutorului financiar consecvent sau destul de atractiv a dus la pierderea interesului marilor companii de TIC și a tinerilor cercetători, formați de universități și de institutele de cercetare. Unul dintre programele de colaborare dintre industrie și educație care a avut un impact pozitiv și rezultate bune în România în domeniul TL este Alianța Academică MSDN, care oferă acces gratuit studenților la diferite tehnologii Microsoft.

Principalele laboratoare de cercetare cu activitate în domeniul TL în România sunt: Institutul de Cercetări pentru Inteligență Artificială al Academiei Române (RACAI), situat în București; Departamentul de Cercetare al Facultății de Informatică a Universității „Alexandru Ioan Cuza" din Iași (UAIC); Institutul de Informatică Teoretică al Academiei Române, Filiala Iași, care găzduiește arhiva Sunetele Limbii Române – un repozitoriu online de sunete ale limbii române înregistrate; Facultatea de Electronică și Telecomunicații a Universității Politehnica din București, unde există un colectiv care lucrează în tehnologia vorbirii. În ceea ce privește programele de cercetare, UAIC și RACAI au fost implicate în mai multe proiecte de cercetare naționale și internaționale care își propun să dezvolte tehnologii ale limbajului existente sau noi. Printre acestea pot fi menționate proiectele europene: ACCURAT (Analiza și evaluarea corpusurilor comparabile pentru domenii cu puține resurse pentru traducere automată), See-ERA Net (Sisteme de traducere automată pentru limbile din Balcani), proiectul PC7 CLARIN (Infrastructură interoperabilă de resurse lingvistice pentru limba română), BALKANET (Construirea unei rețele de wordnet-uri pentru limbile balcanice), proiectul PC6 LT4eL (Tehnologii ale limbajului pentru e-learning), proiectul INTAS RoLTech (platformă pentru tehnologiile limbajului pentru limba română: resurse, instrumente și interfețe), proiectul Roric-Ling, proiectul ALEAR (Evoluție a limbajului artificial pentru roboți autonomi), proiectele PSP-ICT METANET4U (Îmbogățirea infrastructurii europene multilingve) și ATLAS (Tehnologii aplicate pentru sisteme de gestiune a conținutului care folosesc limbajul natural) etc. Au existat, de asemenea, proiecte cu finanțare națională precum: STAR (Sistem de traducere automată pentru limba română), SIRRESDEC (Sistem de întrebare răspuns pentru domeniu deschis pentru limbile română și engleză), ROTEL (Sisteme inteligente pentru web-ul semantic, bazate pe logica ontologiilor și pe TL), eDTLR (Dicționarul Tezaur al Limbii Române în format electronic), printre altele.

Piața pentru tehnologiile limbajului poate fi doar estimată și mai mult ca sigur va primi un impuls prin platformele mobile, de tipul Apple iPad și alte produse similare, jocuri (educaționale) etc.

Proiectele realizate până în prezent au dus la dezvoltarea unei game largi de instrumente și resurse tehnologice și lingvistice pentru limba română. În secțiunea următoare va fi discutat stadiul actual al sprijinului tehnologic acordat limbii române.

4.6 SITUAȚIA INSTRUMENTELOR ȘI RESURSELOR PENTRU LIMBA ROMÂNĂ

Tabelul următor oferă o privire de ansamblu asupra situației actuale a tehnologiilor limbajului pentru limba română. Evaluarea tehnologiilor și resurselor existente este bazată pe estimarea mai multor experți din domeniu, care au folosit șapte criterii, fiecare notat de la 0 (foarte slab) la 6 (foarte bine).
Rezultatele principale pentru limba română pot fi rezumate după cum urmează:

- Există domenii care nu sunt încă avute în vedere de cercetători pentru limba română: generarea de limbaj, sisteme de gestionare a dialogului și construirea de corpusuri multimodale.

- Deși sunt disponibile diferite tehnologii de parsare pentru limba română, un corpus de referință care să fie refolosit pentru evaluarea automată a parsărilor nu există încă.

- Procesarea vorbirii este momentan mult mai puțin dezvoltată decât alte domenii ale TL, în ceea ce privește disponibilitatea pentru mediul de cercetare a corpusurilor și instrumentelor pentru prelucrarea vorbirii.

- Dacă poate fi observată o atenție semnificativă pentru domenii precum tokenizarea, semantica propozițiilor sau sisteme de întrebare-răspuns, nu același lucru este valabil și pentru domenii mai complexe precum analiza semantică sau procesarea avansată a discursului.

- Resursele pentru limba română sunt mai puțin reprezentative decât instrumentele, deși sunt esențiale pentru testarea instrumentelor create.

- Cu câteva excepții, cum ar fi serviciile web pentru procesări de bază ale limbajului, analiză morfologică, instrumente de întrebare-răspuns și sisteme de tra-

	Cantitate	Disponibilitate	Calitate	Acoperire	Maturitate	Sustenabilitate	Adaptare
Tehnologiile limbajului: instrumente, tehnologii, aplicații							
Recunoașterea vorbirii	2	1	1.8	1.4	2	2	2
Sinteza vorbirii	1	1	1.2	1.4	2	2	1
Analiza textelor	4	3.5	4	3.6	4.5	3.5	4
Interpretarea textelor	3.3	3	3	3	3.6	4	4
Generarea de texte	0	0	0	0	0	0	0
Traducere automată	3	4	3.2	2.4	4	4	4
Resurse lingvistice: resurse, date, baze de cunoștințe							
Corpusuri textuale	2	2	2.4	2.4	3	2.5	3
Corpusuri de vorbire	3	2	2.4	1.2	3	3	3
Corpusuri paralele	4	5	3.2	2.4	5	5	4
Resurse lexicale	4	3	3.6	3.2	5	4.5	4
Gramatici	2	2	2.4	1.6	2	3	3

8: Situația sprijinului alocat tehnologiilor limbajului pentru limba română

ducere automată, sistemele existente pentru limba română nu pot fi accesate fără restricții.

- Instrumentele pentru limba română au o acoperire largă pentru domenii privind semantica propoziției și regăsirea de informații, dar sunt restrânse pentru celelalte probleme.

- Printre instrumentele existente de TL pentru limba română, cele mature sunt disponibile gratuit.

- Dacă instrumentele nu sunt în mod necesar menținute activ, resursele pentru limba română au o calitate bună și sunt în general sustenabile.

- Deoarece majoritatea instrumentelor sunt bazate pe modele de limbă sau folosesc tehnici de învățare automată, adaptarea lor este în general posibilă, ceea ce nu se întâmplă în cazul resurselor.

- Multe dintre aceste instrumente, resurse și formate de date nu respectă standardele din industrie și nu

pot fi integrate în mod eficient. Un program susținut este necesar pentru a standardiza formatele datelor și API-urile.

- Scorurile pe care diferiți experți le-au dat aceluiași domeniu din TL au fost în general asemănătoare, în special în ceea ce privește disponibilitatea, ceea ce indică faptul că instrumentele și resursele existente pentru limba română sunt diseminate pe scară largă. Uneori, totuși, pentru sustenabilitate și acoperire, experții au dat scoruri care diferă cu mai mult de jumătate din scorul total. Principalele zone de dezacord au fost: corpusul de referință, corpusuri semantice, gramatici și resurse ontologice.

- Rândul care conține informații despre modele de limbă poate fi interpretat diferit, deoarece unii experți au dat scoruri ținând cont de modele pentru limbajul scris, în timp ce alții au dat scoruri mai mici gândindu-se la modele pentru limbajul vorbit.

- O situație neclară din punct de vedere juridic restricționează utilizarea textelor digitale, cum ar fi cele publicate on-line de ziare, pentru cercetări empirice lingvistice și pentru tehnologiile limbajului, de exemplu pentru construirea modelelor statistice de limbă. Împreună cu politicienii și factorii de decizie politică, cercetătorii ar trebui să încerce să stabilească legi sau reglementări care să le permită să utilizeze texte puse la dispoziția publicului pentru activitățile de cercetare și dezvoltare legate de limbă.

În concluzie, putem spune că s-au obținut deja rezultate importante într-o serie de domenii specifice ale tehnologiei limbajului și că există instrumente și resurse cu funcționalitate limitată. Este însă evidentă necesitatea continuării eforturilor de cercetare pentru a depăși limitele actuale, în special în domeniul procesării vorbirii sau al generării de texte, dar și pentru dezvoltarea unui corpus reprezentativ pentru limba română.

4.7 COMPARAȚIE ÎNTRE LIMBI

Sprijinul actual al domeniului TL variază considerabil de la o comunitate lingvistică la alta. Pentru a compara situația dintre diferite limbi, această secțiune prezintă o evaluare bazată pe două domenii de aplicare a TL (traducerea automată și prelucrarea vorbirii), o tehnologie care stă la baza aplicațiilor bazate pe TL (analiză de text) și resursele de bază necesare pentru construirea aplicațiilor de LT. Limbile au fost clasificate folosind o scară cu cinci niveluri:

1. sprijin excelent pentru TL

2. sprijin bun

3. sprijin mediu

4. sprijin fragmentar

5. sprijin redus, spre deloc

Evaluarea celor două domenii de aplicare a TL, al instrumentelor necesare pentru analiza textuală și al resurselor existente, a avut la bază următoarele criterii:

Prelucrarea vorbirii: Calitatea tehnologiilor existente de recunoaștere a vorbirii, calitatea tehnologiilor existente de sinteză a vorbirii, gradul de acoperire a domeniului, numărul și dimensiunea corpusurilor de vorbire existente, cantitatea și varietatea aplicațiilor disponibile bazate pe vorbire.

Traducerea automată: Calitatea tehnologiilor de traducere automată existente, numărul de perechi de limbi acoperite, gradul de acoperire a fenomenelor lingvistice și a diferitelor domenii, calitatea și dimensiunea corpusurilor paralele existente, cantitatea și varietatea de aplicații de traducere automată disponibile.

Analiza textelor: Calitatea și gradul de acoperire a tehnologiilor existente de analiză de texte (morfologie, sintaxă, semantică), gradul de acoperire a fenomenelor lingvistice și a diferitelor domenii, cantitatea și varietatea aplicațiilor disponibile, calitatea și dimensiunea corpusurilor de texte existente (adnotate), calitatea și acoperirea resurselor lexicale existente (de exemplu, Word-Net) și a gramaticilor.

Resurse: Calitatea și dimensiunea corpusurilor de texte existente, a corpusurilor de vorbire și a corpusurilor paralele, calitatea și acoperirea resurselor lexicale existente și a gramaticilor.

Figurile 9 – 12 arată că, deși au început să fie dezvoltate sisteme și resurse pentru aplicații de TL pentru limba română, ele nu se compară deocamdată în ceea ce privește calitatea și gradul de acoperire cu resursele și instrumentele existente pentru limba engleză, pentru care sunt dezvoltate cele mai multe sisteme în aproape toate domeniile. Există încă o mulțime de lacune în resursele pentru limba engleză, dacă considerăm aplicațiile care necesită cea mai înaltă calitate.

Pentru prelucrarea vorbirii, deși la nivel internațional tehnologiile actuale sunt suficient de bune pentru a fi integrate cu succes în aplicații industriale, cum ar fi sisteme de dialog vorbit și de dictare, limba română nu este reprezentată în acest domeniu. Totuși, componentele actuale de analiză de text și resursele lingvistice acoperă deja fenomenele lingvistice ale limbii române într-o anumită măsură și fac parte din diverse aplicații care implică prelucrarea limbajului natural predominant de suprafață, de exemplu corectoare ortografice și sisteme de sprijin pentru autori.

Pentru construirea de aplicații mai sofisticate, cum ar fi cele de traducere a vorbirii, este nevoie de resurse și tehnologii care să acopere o gamă mai largă de aspecte lingvistice și să permită o analiză mai profundă, semantică, a enunțului rostit. Prin îmbunătățirea calității și a gradului de acoperire a acestor resurse și a tehnologiilor de bază, vom putea deschide noi oportunități pentru abordarea unei game largi de domenii de aplicații avansate, inclusiv traducere automată de înaltă calitate.

4.8 CONCLUZII

În această serie de studii lingvistice, un efort inițial substanțial a fost făcut pentru a evalua suportul acordat tehnologiilor limbajului pentru 30 de limbi europene și pentru a oferi o comparație de nivel înalt între aceste limbi. Prin identificarea lacunelor, nevoilor și deficiențelor, comunitatea europeană a tehnologiei limbajului și factorii de decizie sunt acum în poziție de a proiecta un program pe scară largă de cercetare și dezvoltare care vizează construirea unei Europe cu adevărat multilingve, bazate pe tehnologie.

Am văzut că există diferențe enorme între limbile din Europa. În timp ce anumite limbi și domenii de aplicare dețin software și resurse de bună calitate, altele (de obicei pentru limbile „mai mici") au lacune majore. Multor limbi le lipsesc tehnologiile de bază pentru analiza textuală și resursele esențiale pentru dezvoltarea acestor tehnologii. Altele au instrumentele și resursele de bază, dar nu sunt deocamdată capabile să investească în pro-

cesarea semantică. Prin urmare, avem nevoie de un efort pe scară largă pentru a atinge obiectivul ambițios de a oferi servicii de traducere automată de înaltă calitate între toate limbile europene.

În cazul limbii române, putem fi prudent optimiști în legătură cu stadiul actual al suportului acordat tehnologiilor limbii. Cercetările din universități și institute de cercetare din România și Republica Moldova au dus la dezvoltarea de sisteme de înaltă calitate, precum și modele și teorii aplicabile pe scară largă. Cu toate acestea, domeniul de aplicare al resurselor, precum și gama de instrumente sunt încă foarte limitate în raport cu resursele și instrumentele existente pentru limba engleză și nu sunt suficiente din punct de vedere calitativ și cantitativ pentru a dezvolta tehnologiile necesare sprijinirii unei societăți a cunoașterii cu adevărat multilingve.

Subdezvoltarea care se resimte în zona resurselor lingvistice (cantitativă și calitativă) îngreunează enorm eforturile de dezvoltare a tehnologiilor limbajului și a aplicațiilor. Există o necesitate majoră de resurse, de la texte în limba română până la corpusuri adnotate, în care fenomene lingvistice particulare să fie evidențiate de experți. Cum cea mai bună sursă de texte sunt copiile electronice ale publicațiilor, o campanie de conștientizare adresată editurilor, cu scopul de a le convinge să doneze o parte din textele lor pentru cercetare, este mai mult decât necesară [52].

Pe de altă parte, nu putem pur și simplu transfera în limba română tehnologiile dezvoltate și optimizate pentru limba engleză. Sistemele de parsare (analiză sintactică și gramaticală a structurii propozițiilor) bazate pe limba engleză dau de obicei rezultate slabe când sunt aplicate textelor din limba română, datorită caracteristicilor specifice limbii române și complexității sale.

Generarea de limbaj și sistemele de gestionare a dialogului sunt domenii ale TL la început de drum pentru limba română, pentru care se pot dezvolta încă multe tehnologii, aplicații și resurse. Tehnologiile și corpusurile pentru vorbire necesită o atenție deosebită în vederea alinierii limbii române la standardele celorlalte limbi europene.

Concluziile noastre sunt că singura alternativă este de a face un efort substanțial pentru a crea resurse lingvistice pentru limba română și de a le folosi pentru a avansa cercetarea, inovarea și dezvoltarea în domeniul tehnologiilor limbajului. Nevoia de mari cantități de date și complexitatea extremă a sistemelor de tehnologia limbajului fac să fie vitală dezvoltarea unei noi infrastructuri și a unei organizări mai coerente a cercetării pentru a stimula cooperarea.

Se observă, de asemenea, o lipsă a continuității în finanțarea cercetării și dezvoltării. Programe coordonate pe termen scurt tind să alterneze cu perioade de finanțare insuficientă sau deloc. În plus, există în general o lipsă de coordonare cu programe din alte țări ale UE și la nivelul Comisiei Europene (cum se întâmplă, de exemplu, cu programele PSP-ICT, care au ca protagoniști și universități din România, dar care nu sunt sprijinite de guvern pentru asigurarea coerentă a cofinanțării).

Putem conchide, prin urmare, că există o nevoie stringentă pentru o inițiativă pe scară largă, coordonată, axată pe depășirea diferențelor în disponibilitatea tehnologiilor lingvistice pentru limbile europene în ansamblu lor.

Obiectivul pe termen lung al META-NET este de a introduce tehnologii ale limbajului de înaltă calitate pentru toate limbile, în vederea realizării unității politice și economice prin diversitate culturală. Tehnologia va ajuta la înlăturarea barierelor existente și la construirea de punți între limbile europene. Acest lucru presupune ca toți factorii de decizie – din politică, cercetare, afaceri și societate – să-și unească eforturile pentru viitor.

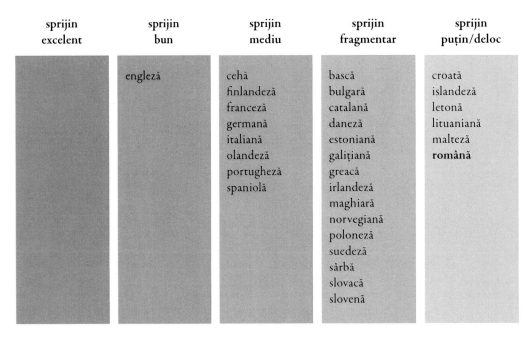

sprijin excelent	sprijin bun	sprijin mediu	sprijin fragmentar	sprijin puțin/deloc
	engleză	cehă finlandeză franceză germană italiană olandeză portugheză spaniolă	bască bulgară catalană daneză estoniană galițiană greacă irlandeză maghiară norvegiană poloneză suedeză sârbă slovacă slovenă	croată islandeză letonă lituaniană malteză **română**

9: Prelucrarea vorbirii: situația pentru 30 de limbi europene

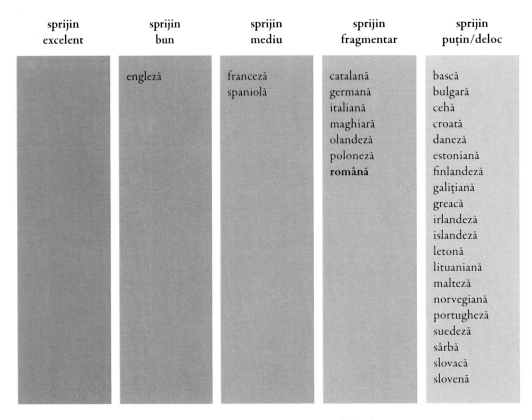

sprijin excelent	sprijin bun	sprijin mediu	sprijin fragmentar	sprijin puțin/deloc
	engleză	franceză spaniolă	catalană germană italiană maghiară olandeză poloneză **română**	bască bulgară cehă croată daneză estoniană finlandeză galițiană greacă irlandeză islandeză letonă lituaniană malteză norvegiană portugheză suedeză sârbă slovacă slovenă

10: Traducere automată: situația pentru 30 de limbi europene

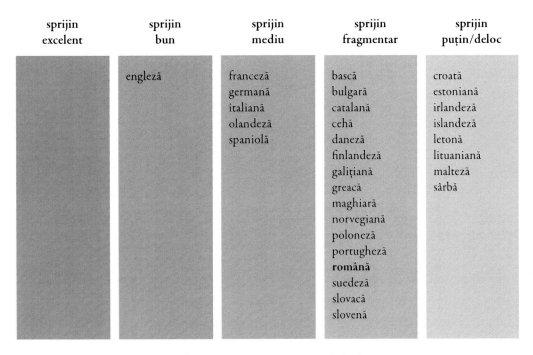

11: Analiza de text: situaţia pentru 30 de limbi europene

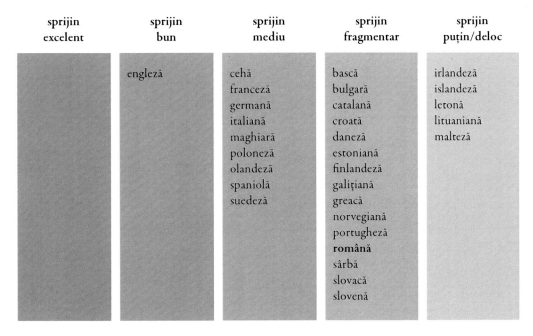

12: Resurse pentru text şi vorbire: situaţia pentru 30 de limbi europene

5

DESPRE META-NET

META-NET este o rețea de excelență finanțată parțial de către Comisia Europeană. Rețeaua cuprinde în prezent 54 de membri din 33 de țări europene [53]. META-NET promovează Alianța Tehnologică pentru o Europă Multilingvă (Multilingual Europe Technology Alliance – META), o comunitate de profesioniști și organizații din domeniul tehnologiei limbajului din Europa aflată în continuă creștere. META-NET promovează fundamentele tehnologice pentru stabilirea și menținerea unei societăți informaționale europene cu adevărat multilingve, care:

- vor facilita comunicarea și cooperarea între limbi diferite;
- vor asigura acces egal la informații și cunoaștere în orice limbă;
- vor oferi funcționalități ale tehnologiei informației cetățenilor europeni.

Această rețea de excelență sprijină dezvoltarea unei Europe unite într-o singură piață digitală și spațiu informațional. META-NET stimulează și promovează tehnologiile multilingve pentru toate limbile europene. Aceste tehnologii sunt folosite în traducerea automată, producerea de conținut, procesarea informațiilor și gestionarea cunoștințelor pentru o gamă largă de aplicații și domenii. Totodată, ele permit dezvoltarea de interfețe intuitive bazate pe limbaj pentru diverse tehnologii, de la aparate electrocasnice, mașinării și vehicule, până la calculatoare și roboți.

Lansat pe data de 1 Februarie 2010, META-NET a desfășurat deja mai multe activități pe cele trei linii de acțiune: META-VISION, META-SHARE și META-RESEARCH.

META-VISION promovează o comunitate dinamică și influentă, unită în jurul unei viziuni comune și a unei agende strategice comune de cercetare. Principalul scop al acestei activități este constituirea unei comunități de TL coerente și coezive în Europa, prin persoane cheie din diferite grupuri reprezentative. Această serie de studii cuprinde studii similare pentru alte 29 de limbi. Viziunea tehnologică comună a fost dezvoltată în cadrul a trei grupuri de viziune. A fost creat un Consiliu Tehnologic META în scopul pregătirii agendei strategice de cercetare, pe baza viziunii în strânsă legătură cu întreaga comunitate de TL.

META-SHARE creează o infrastructură publică distribuită pentru schimbul și partajarea de resurse. Rețeaua de arhive digitale va conține date lingvistice, instrumente și servicii web documentate cu metadate de nivel înalt, organizate în categorii standardizate. Resursele pot fi accesate direct și permit căutări uniformizate. Resursele disponibile includ materiale gratuite, cu acces Open Source sau restricționat, precum și resurse disponibile contra cost.

META-RESEARCH construiește punți între domenii tehnologice învecinate. Această activitate încearcă să aplice descoperirile recente și inovațiile din alte domenii în scopul îmbunătățirii tehnologiilor limbajului. În particular, această linie de acțiune se concentrează pe cercetări de nivel înalt în domeniul traducerii automate, colectarea datelor, pregătirea seturilor de date și organizarea resurselor pentru evaluare, compilarea de inventarii de instrumente și metode, precum și organizarea de ateliere de lucru și evenimente de formare pentru membrii comunității.

office@meta-net.eu – http://www.meta-net.eu

1

EXECUTIVE SUMMARY

During the last 60 years, Europe has become a distinct political and economic structure. Culturally and linguistically it is rich and diverse. However, from Portuguese to Polish and Italian to Icelandic, everyday communication between Europe's citizens, within business and among politicians is inevitably confronted with language barriers. The EU's institutions spend about a billion euros a year on maintaining their policy of multilingualism, i. e., translating texts and interpreting spoken communication. Does this have to be such a burden? Language technology and linguistic research can make a significant contribution to removing the linguistic borders. Combined with intelligent devices and applications, language technology will help Europeans talk and do business together even if they do not speak a common language.

Language technology builds bridges.

Information technology changes our everyday lives. We typically use computers for writing, editing, calculating, and information searching, and increasingly for reading, listening to music, viewing photos and watching movies. We carry small computers in our pockets and use them to make phone calls, write emails, get information and entertain ourselves, wherever we are. How does this massive digitization of information, knowledge and everyday communication affect our language? Will our language change or even disappear?

All our computers are linked together into an increasingly dense and powerful global network. The girl in Buenos Aires, the customs officer in Constanța and the engineer in Kathmandu can all chat with their friends on Facebook, but they are unlikely ever to meet one another in online communities and forums. If they are worried about how to treat earache, they will all check Wikipedia to find out all about it, but even then they won't read the same article. When Europe's netizens discuss the effects of the Fukushima nuclear accident on European energy policy in forums and chat rooms, they do so in cleanly-separated language communities. What the internet connects is still divided by the languages of its users. Will it always be like this?

In science fiction movies, everyone speaks the same language. Could it be Romanian, even though we only had one Romanian astronaut? Many of the world's 6,000 languages will not survive in a globalized digital information society. It is estimated that at least 2,000 languages are doomed to extinction in the decades ahead. Others will continue to play a role in families and neighbourhoods, but not in the wider business and academic world. What are the Romanian language's chances of survival?

Spoken by approx. 29.000.000 worldwide, the Romanian language is not only present through books, films or TV stations, but also in the digital information space. The internet market is in a continuous growth in Romania. Ever more Romanians have a computer with internet connection at home. The top level domain *.ro* is used by 0.4% of all the websites, similar to the *.eu* domain.

The Romanian language features a set of particularities that contributes to the language richness, but can also be a challenge to the computational processing of Romanian.

The automated translation and speech processing tools currently available on the market fall short of the envisaged goals. The dominant actors in the field are primarily privately-owned for-profit enterprises based in Northern America. As early as the late 1970s, the EU realised the profound relevance of language technology as a driver of European unity, and began funding its first research projects, such as EUROTRA. At the same time, national projects were set up that generated valuable results, but never led to a concerted European effort. In contrast to these highly selective funding efforts, other multilingual societies such as India (22 official languages) and South Africa (11 official languages) have set up long-term national programmes for language research and technology development.

Language technology as a key for the future.

There are some complaints about the ever-increasing use of Anglicisms, and some linguists even fear that the Romanian language will become riddled with English words and expressions. But our study suggests that this is misguided.

Analogue to the re-latinisation phase in the 19th century after the liberation from the Greek and Turkish domination, Romanian language was passing in the last 20 years through a process of transformation from the totalitarian usage ("langue de bois", unidirectional discourse, etc.) to an open usage in which new linguistic patterns must adapt to the social and cultural transition. Therefore, similar to many other languages, Romanian is going through a continuous process of internationalisation under the influence of the Anglo-Saxon vocabulary.

Our main concern should not be the gradual Anglicisation of our language, but its complete disappearance from major areas of our personal lives. Not science, aviation and the global financial markets, which actually need a world-wide *lingua franca*. We mean the many areas of life in which it is far more important to be close to a country's citizens than to international partners – domestic policies, for example, administrative procedures, the law, culture and shopping.

Information and communication technology are now preparing for the next revolution. After personal computers, networks, miniaturisation, multimedia, mobile devices and cloud-computing, the next generation of technology will feature software that understands not just spoken or written letters and sounds but entire words and sentences, and supports users far better because it speaks, knows and understands their language. Forerunners of such developments are the free online service Google Translate that translates between 57 languages, IBM's supercomputer Watson that was able to defeat the US-champion in the game of "Jeopardy", and Apple's mobile assistant Siri for the iPhone that can react to voice commands and answer questions in English, German, French and Japanese.

The next generation of information technology will master human language to such an extent that human users will be able to communicate using the technology in their own language. Devices will be able to automatically find the most important news and information from the world's digital knowledge store in reaction to easy-to-use voice commands. Language-enabled technology will be able to translate automatically or assist interpreters; summarise conversations and documents; and support users in learning scenarios.

The next generation of information and communication technologies will enable industrial and service robots (currently under development in research laboratories) to faithfully understand what their users want them to do and then proudly report on their achievements.

This level of performance means going way beyond simple character sets and lexicons, spell checkers and pronunciation rules. The technology must move on from simplistic approaches and start modelling language in an all-encompassing way, taking syntax as well as semantics into account to understand the drift of questions and generate rich and relevant answers.

In the case of the Romanian language, research in universities and academia from Romania and the Republic of Moldova was successful in designing particular high quality software, as well as models and theories widely applicable. However, the scope of the resources and the range of tools are still very limited when compared to English, and they are simply not sufficient in quality and quantity to develop the kind of technologies required to support a truly multilingual knowledge society. However, it is nearly impossible to come up with sustainable and standardised solutions given the current relatively low level of linguistic resources.

A legally unclear situation restricts the usage of digital texts, such as those published online by newspapers, for empirical linguistics and language technology research, for example, to train statistical language models. Together with politicians and policy makers, researchers should try to establish laws or regulations that enable researchers to use publicly available texts for language-related R&D activities.

Finally, there is a lack of continuity in research and development funding. Short-term coordinated programmes tend to alternate with periods of sparse or zero funding. The need for large amounts of data and the extreme complexity of language technology systems makes it vital to develop an infrastructure and a coherent research financing and organisation to spur greater sharing and cooperation.

Summing up, we can safely consider that for now, the Romanian language is not in danger. However, the whole situation could change dramatically when a new generation of technologies really starts to master human languages effectively. Through improvements in machine translation, language technology will help in overcoming language barriers, but it will only be able to operate between those languages that have managed to survive in the digital world. If there is adequate language technology available, then it will be able to ensure the survival of languages with very small populations of speakers. If not, even "larger" languages will come under severe pressure.

Language Technology helps unify Europe.

Drawing on the insights gained so far, today's hybrid language technology mixing deep processing with statistical methods should be able to bridge the gap between all European languages and beyond. But as this series of white papers shows, there is a dramatic difference between Europe's member states in terms of both the maturity of the research and in the state of readiness with respect to language solutions.

META-NET's vision is high-quality language technology for all languages that supports political and economic unity through cultural diversity. This technology will help tear down existing barriers and build bridges between Europe's languages. This requires all stakeholders – in politics, research, business, and society – to unite their efforts for the future.

This white paper series complements the other strategic actions taken by META-NET (see the appendix for an overview). Up-to-date information such as the current version of the META-NET vision paper [2] or the Strategic Research Agenda (SRA) can be found on the META-NET website: http://www.meta-net.eu.

2

LANGUAGES AT RISK: A CHALLENGE FOR LANGUAGE TECHNOLOGY

We are witnesses to a digital revolution that is dramatically impacting communication and society. Recent developments in information and communication technology are sometimes compared to Gutenberg's invention of the printing press. What can this analogy tell us about the future of the European information society and our languages in particular?

The digital revolution is comparable to Gutenberg's invention of the printing press.

After Gutenberg's invention, real breakthroughs in communication were accomplished by efforts such as Luther's translation of the Bible into vernacular language. In subsequent centuries, cultural techniques have been developed to better handle language processing and knowledge exchange:

- the orthographic and grammatical standardisation of major languages enabled the rapid dissemination of new scientific and intellectual ideas;
- the development of official languages made it possible for citizens to communicate within certain (often political) boundaries;
- the teaching and translation of languages enabled exchanges across languages;
- the creation of editorial and bibliographic guidelines assured the quality of printed material;

- the creation of different media like newspapers, radio, television, books, and other formats satisfied different communication needs.

In the past twenty years, information technology has helped to automate and facilitate many processes:

- desktop publishing software has replaced typewriting and typesetting;
- Microsoft PowerPoint has replaced overhead projector transparencies;
- e-mail allows documents to be sent and received more quickly than using a fax machine;
- Skype offers cheap internet phone calls and hosts virtual meetings;
- audio and video encoding formats make it easy to exchange multimedia content;
- web search engines provide keyword-based access;
- online services like Google Translate produce quick, approximate translations;
- social media platforms such as Facebook, Twitter and Google+ facilitate communication, collaboration, and information sharing.

Although these tools and applications are helpful, they are not yet capable of supporting a fully-sustainable, multilingual European society in which information and goods can flow freely.

2.1 LANGUAGE BORDERS HOLD BACK THE EUROPEAN INFORMATION SOCIETY

We cannot predict exactly what the future information society will look like. However, there is a strong likelihood that the revolution in communication technology is bringing together people who speak different languages in new ways. This is putting pressure both on individuals to learn new languages and especially on developers to create new technology applications to ensure mutual understanding and access to shareable knowledge. In the global economic and information space, there is increasing interaction between different languages, speakers and content thanks to new types of media. The current popularity of social media (Wikipedia, Facebook, Twitter, YouTube, and, recently, Google+) is only the tip of the iceberg.

The global economy and information space confronts us with different languages, speakers and content.

Today, we can transmit gigabytes of text around the world in a few seconds before we recognise that it is in a language that we do not understand. According to a recent report from the European Commission, 57% of internet users in Europe purchase goods and services in non-native languages; English is the most common foreign language followed by French, German and Spanish. 55% of users read content in a foreign language while 35% use another language to write e-mails or post comments on the Web [3]. A few years ago, English might have been the lingua franca of the Web—the vast majority of content on the Web was in English—but the situation has now drastically changed. The amount of online content in other European (as well as Asian and Middle Eastern) languages has exploded.

Surprisingly, this ubiquitous digital linguistic divide has not gained much public attention; yet, it raises a very pressing question: Which European languages will thrive in the networked information and knowledge society, and which are doomed to disappear?

2.2 OUR LANGUAGES AT RISK

While the printing press helped step up the exchange of information in Europe, it also led to the extinction of many European languages. Regional and minority languages were rarely printed and languages such as Cornish and Dalmatian were limited to oral forms of transmission, which in turn restricted their scope of use. Will the internet have the same impact on our modern languages?

Europe's approximately 80 languages are one of our richest and most important cultural assets, and a vital part of this unique social model [4]. While languages such as English and Spanish are likely to survive in the emerging digital marketplace, many European languages could become irrelevant in a networked society. This would weaken Europe's global standing, and run counter to the strategic goal of ensuring equal participation for every European citizen regardless of language.

According to a UNESCO report on multilingualism, languages are an essential medium for the enjoyment of fundamental rights, such as political expression, education and participation in society [5].

The variety of languages in Europe is one of its richest and most important cultural assets.

2.3 LANGUAGE TECHNOLOGY IS A KEY ENABLING TECHNOLOGY

In the past, investments in language preservation focussed primarily on language education and translation. According to one estimate, the European market for translation, interpretation, software localisation and website globalisation was €8.4 billion in 2008 and is expected to grow by 10% per annum [6]. Yet this figure covers just a small proportion of current and future needs in communicating between languages. The most compelling solution for ensuring the breadth and depth of language usage in Europe tomorrow is to use appropriate technology, just as we use technology to solve our transport and energy needs among others.

Language technology targeting all forms of written text and spoken discourse can help people to collaborate, conduct business, share knowledge and participate in social and political debate regardless of language barriers and computer skills. It often operates invisibly inside complex software systems to help us already today to:

- find information with a search engine;
- check spelling and grammar in a word processor;
- view product recommendations in an online shop;
- follow the spoken directions of a navigation system;
- translate web pages via an online service.

Language technology consists of a number of core applications that enable processes within a larger application framework. The purpose of the META-NET language white papers is to focus on how ready these core enabling technologies are for each European language.

Europe needs robust and affordable language technology for all European languages.

To maintain our position in the frontline of global innovation, Europe will need language technology, tailored to all European languages, that is robust and affordable and can be tightly integrated within key software environments. Without language technology, we will not be able to achieve a really effective interactive, multimedia and multilingual user experience in the near future.

2.4 OPPORTUNITIES FOR LANGUAGE TECHNOLOGY

In the world of print, the technology breakthrough was the rapid duplication of an image of a text using a suitably powered printing press. Human beings had to do the hard work of looking up, assessing, translating, and summarising knowledge. We had to wait until Edison to record spoken language – and again his technology simply made analogue copies.

Language technology can now simplify and automate the processes of translation, content production, and knowledge management for all European languages. It can also empower intuitive speech-based interfaces for household electronics, machinery, vehicles, computers and robots. Real-world commercial and industrial applications are still in the early stages of development, yet R&D achievements are creating a genuine window of opportunity. For example, machine translation is already reasonably accurate in specific domains, and experimental applications provide multilingual information and knowledge management, as well as content production, in many European languages.

As with most technologies, the first language applications such as voice-based user interfaces and dialogue systems were developed for specialised domains, and often exhibit limited performance. However, there are huge market opportunities in the education and entertainment industries for integrating language technologies into games, edutainment packages, libraries, simulation environments and training programmes. Mobile information services, computer-assisted language learning software, eLearning environments, self-assessment tools and plagiarism detection software are just some of the application areas in which language technology can play an important role. The popularity of social media applications like Twitter and Facebook suggest a need for sophisticated language technologies that can monitor posts, summarise discussions, suggest opinion trends, detect emotional responses, identify copyright infringements or track misuse.

Language technology helps overcome the "disability" of linguistic diversity.

Language technology represents a tremendous opportunity for the European Union. It can help to address the complex issue of multilingualism in Europe – the fact that different languages coexist naturally in European businesses, organisations and schools. However, citizens need to communicate across the language borders of the European Common Market, and language technology can help overcome this final barrier, while supporting the free and open use of individual languages. Looking even further ahead, innovative European multilingual language technology will provide a benchmark for our global partners when they begin to support their own multilingual communities. Language technology can be seen as a form of "assistive" technology that helps overcome the "disability" of linguistic diversity and makes language communities more accessible to each other. Finally, one active field of research is the use of language technology for rescue operations in disaster areas, where performance can be a matter of life and death: Future intelligent robots with cross-lingual language capabilities have the potential to save lives.

2.5 CHALLENGES FACING LANGUAGE TECHNOLOGY

Although language technology has made considerable progress in the last few years, the current pace of technological progress and product innovation is too slow. Widely-used technologies such as the spelling and grammar correctors in word processors are typically monolingual, and are only available for a handful of languages. Online machine translation services, although useful for quickly generating a reasonable approximation of a document's contents, are fraught with difficulties when highly accurate and complete translations are required. Due to the complexity of human language, modelling our tongues in software and testing them in the real world is a long, costly business that requires sustained funding commitments. Europe must therefore maintain its pioneering role in facing the technological challenges of a multiple-language community by inventing new methods to accelerate development right across the map. These could include both computational advances and techniques such as crowdsourcing.

Technological progress needs to be accelerated.

2.6 LANGUAGE ACQUISITION IN HUMANS AND MACHINES

To illustrate how computers handle language and why it is difficult to program them to process different tongues, let's look briefly at the way humans acquire first and second languages, and then see how language technology systems work.

Humans acquire language skills in two different ways. Babies acquire a language by listening to the real interactions between their parents, siblings and other family members. From the age of about two, children produce their first words and short phrases. This is only possible because humans have a genetic disposition to imitate and then rationalise what they hear.

Learning a second language at an older age requires more cognitive effort, largely because the child is not immersed in a language community of native speakers. At school, foreign languages are usually acquired by learning grammatical structure, vocabulary and spelling using drills that describe linguistic knowledge in terms of abstract rules, tables and examples.

Humans acquire language skills in two different ways: learning from examples and learning the underlying language rules.

Moving now to language technology, the two main types of systems 'acquire' language capabilities in a similar manner. Statistical (or 'data-driven') approaches obtain linguistic knowledge from vast collections of concrete example texts. While it is sufficient to use text in a single language for training, e. g., a spell checker, parallel texts in two (or more) languages have to be available for training a machine translation system. The machine learning algorithm then "learns" patterns of how words, short phrases and complete sentences are translated.

This statistical approach usually requires millions of sentences to boost performance quality. This is one reason why search engine providers are eager to collect as much written material as possible. Spelling correction in word processors, and services such as Google Search and Google Translate, all rely on statistical approaches. The great advantage of statistics is that the machine learns quickly in a continuous series of training cycles, even though quality can vary randomly.

The second approach to language technology, and to machine translation in particular, is to build rule-based

systems. Experts in the fields of linguistics, computational linguistics and computer science first have to encode grammatical analyses (translation rules) and compile vocabulary lists (lexicons). This is very time consuming and labour intensive. Some of the leading rule-based machine translation systems have been under constant development for more than 20 years. The great advantage of rule-based systems is that the experts have more detailed control over the language processing. This makes it possible to systematically correct mistakes in the software and give detailed feedback to the user, especially when rule-based systems are used for language learning. However, due to the high cost of this work, rule-based language technology has so far only been developed for a few major languages.

The two main types of language technology systems acquire language in a similar manner.

As the strengths and weaknesses of statistical and rule-based systems tend to be complementary, current research focuses on hybrid approaches that combine the two methodologies. However, these approaches have so far been less successful in industrial applications than in the research lab.

As we have seen in this chapter, many applications widely used in today's information society rely heavily on language technology, particularly in Europe's economic and information space. Although this technology has made considerable progress in the last few years, there is still huge potential to improve the quality of language technology systems. In the next section, we describe the role of Romanian in European information society and assess the current state of language technology for the Romanian language.

3

THE ROMANIAN LANGUAGE IN THE EUROPEAN INFORMATION SOCIETY

3.1 GENERAL FACTS

Spoken by over 29,000,000 speakers [7], Romanian is mother tongue for approx. 25,000,000 speakers: around 21,500,000 speakers in Romania [8] plus approx. 3,500,000 speakers in the Republic of Moldavia [9] (where the language is officially called Moldavian). The countries around Romania (Albania, Bulgaria, Croatia, Greece, Hungary, The Former Yugoslav Republic of Macedonia, Serbia, Ukraine) and communities of immigrants in Australia, Canada, Israel, Latin America, Turkey, USA and other European and Asian countries totals around 4,000,000 Romanian native speakers [10].

Romanian is an official language also in the Autonomous Province of Vojvodina in Serbia, in the autonomous Mount Athos in Greece, in the European Union and in the Latin Union; it is a recognised minority language in Ukraine.

Romanian has four dialects [11]: Daco–Romanian, Aromanian (spoken by approximately 600.000 speakers in Albania, Bulgaria, Greece and Macedonia), Istro–Romanian (15,000 speakers in 2 small areas in the Istrian Peninsula, Croatia) and Megleno–Romanian (about 5,000 speakers in Greece and Macedonia). Because of their small number of speakers, these dialects are included in the UNESCO Red Book of Endangered Languages.

In Romania there are 18 officially recognised national (ethnic) minorities; in the last Census (2002), the most numerous were Hungarians (1,431,807) and Romas (535,140), followed by Germans, Ukrainians, Lippovan Russians, Turks, Serbs, Croats, Slovenes, Tartars, Slovaks, Bulgarians, Jewish, Czechs, Poles, Greeks, Armenians, etc. For all these minorities, official language policies in Romania guarantee their rights to be protected as language communities and to use their own languages in private and public, culturally and socially, in economy and in communication media. However, article 13 of the Constitution states that "In Romania, the official language is Romanian". Moreover, Law number 500 from 12th November, 2004 stipulates the obligation of any text (either oral or written) that serves public interest to be translated or adapted into Romanian [12].

3.2 PARTICULARITIES OF THE ROMANIAN LANGUAGE

Developed at distance from the other languages in the Romance family, Romanian is an eastern Romance language. Elements of the Vulgar Latin from which it descends are more faithfully preserved in this isolated language: it has inherited the Latin morpho-syntactic structure, preserved features that other Romance languages have lost (such as declensions), and incorporated some non-Romance features in its structure (-o vocatives).

The great part of the Romanian vocabulary has a Latin origin, either inherited from Vulgar Latin or borrowed from Latin in modern times. 60% of the fundamental vocabulary (i. e., the words that are known and currently used by all speakers of the language) is inherited from Latin.

During Roman colonisation of Dacia (106-271 A. D.), the colonisers imposed Latin as the official language. However, comparative studies of Romanian and Albanian vocabularies reveal a set of around 100 words that have been preserved from the Thraco-Dacian substratum. These words designated fundamental concepts, like body parts, natural elements or food. They are still used today, are very frequent, have rich polysemy and lexical families.

During the migration of Slavic tribes over the territory of nowadays Romania, the language underwent a process of transformation in all its compartments: phonetics, vocabulary, morphology and syntax. However, morphology, the backbone of a language, remained Latin in most of its aspects. The Cyrillic alphabet was adopted in this period, especially due to the church influence. The old Slavonic was the liturgical language of the Romanian Orthodox Church until the late 18th century, when Romanian started a process of re-latinisation, modernisation and westernisation. It is now when many words of other origin are replaced by Latin words, borrowed directly or indirectly, via other Romance languages (French and Italian). French as a language of culture in the last 2 centuries and France as a place where the Romanian aristocracy sent their children to school justify the existence of extremely numerous words of this origin in Romanian. Lately, English took the place of French and Romanian has many Anglicisms, entirely, partially or at all adapted to its phonetic and morphologic systems.

Political, economic and social aspects in the history of Romania explain the words of various other origins in this language: Turkish, Greek, German, Hungarian, Bulgarian, Russian etc. New words have been created in Romanian mostly through suffix derivation. However, recent studies reveal the importance prefix derivation has got lately (for more information see [13]). Romanian has 5 letters using diacritics: ă, î, â, ș, ț. For the last 2, two variants have circulated: one with a comma under the letter, and another one with a cedilla. However, only the former is recommended nowadays by the Romanian National Standardisation Body (ASRO). Many electronic texts are not written with diacritics. In order to automatically introduce diacritics, programs have been created to recover them in such texts.

Romanian has five letters using diacritics: ă, î, â, ș, ț. For the last two, a couple of variants have circulated: one with a comma under the letter, and another one with a cedilla. However, only the former is recommended.

Romanian exhibits a number of specific characteristics that contribute to the richness of the language but can also be a challenge for the computational processing of a natural language. Romanian inflection is quite rich. For nouns, pronouns and adjectives there are five cases and two numbers. Pronouns can have stressed and unstressed forms, while nouns and adjectives can be definite or indefinite. For verbs there are two numbers, each with three persons, and five synthetic tenses, plus infinitive, gerund and participle forms. In average, a noun can have 5 forms, a personal pronoun about 6 forms, an adjective around 6 forms, while a verb has more than 30 forms. Besides morphologic suffixes and endings, phonetic alternations inside the root are also possible with inflected words.

Romanian is a highly inflected language, with various linguistic particularities: it is a pro-drop language, it allows clitic doubling, negative concord and double negation.

Romanian is a subject pro-drop language, like most of its Romance sisters, that is, it allows the deletion of the subject:

(1) *Ştie.*
Knows-he/she/it
'He/She/It knows. '

The explanation resides in the rich inflectional systems of verbs that have distinctive endings for different persons and numbers.

Nevertheless, subject doubling is also possible in Romanian when a personal pronoun doubles a lexical noun phrase:

(2) *Vine   el   tata   imediat!*
Comes he father-the immediately!
'Father will come immediately!'

The structure is characteristic of colloquial language, marking a certain illocutionary attitude of the speaker: threat, promise, and reassurance.

Romanian has in common with some Spanish dialects and several Balkan languages a structure currently known as 'clitic doubling'. Pronominal clitic doubling in Romanian may be realised with accusative clitics, with dative ones or with both. For example, in the sentence:

(3) I_i l_j –   *am*
Dat. cl. Acc. masc. cl. – have-I given
dat   mamei$_i$ pe   Ion$_j$ la
to-mother PE   John   on   phone.
telefon.

'I gave John to my mother on the phone.'

the noun *mamei* and the Dative clitic *i* refer to the same person, and the Accusative clitic *l-* and the Accusative noun *Ion* are also coreferential. The presence of clitics in such constructions is mandatory, although they do not saturate any verbal valences. However, when the nouns are not present, it is the task of these pronouns to saturate the verbal valences.

(4) *I   l-am   dat   la telefon.*
To her him have I given on phone.
'I gave him to her on the phone.'

The clitic doubling phenomenon is obligatory with proper names and definite nouns functioning as direct or indirect objects.

Romanian displays both Negative Concord (when the presence of one or more negative words is conditioned by the occurrence of a negative marker on the matrix verb; this is the case in more Romance languages: Portuguese, Spanish, French) and Double Negation (similar to double negation in logics, where two negations cancel each other and an affirmation results; this phenomenon is accepted in some languages such as English only for stylistic reasons). The presence of the negative marker *nu* "not" in the verbal phrase negates the sentence and licenses negative words in the respective sentence (negative concord):

(5) <u>*Nu*</u> *am   văzut   pe* <u>*nimeni*</u> <u>*niciodată*</u>
Not have I seen   nobody   never
aici.
here.
'I have never seen anybody here.'

However, certain configurations in which the negative markers and words occur trigger the double negation (that is, the sentence acquires a positive meaning). For instance, a negative main clause followed by a negative subjunctive clause is such a configuration with overall positive meaning:

(6) *Maria* <u>*nu*</u> *a   vrut   să* <u>*nu*</u> *spună*
Maria not has wanted to not say
<u>*nimic.*</u>
nothing.
'Maria did not want to say nothing.' *or*
'Maria wanted to say something.'

Case is inflectional in Romanian. However, there are also three case marking prepositions: *pe* for Accusative (conditioned by the animacy, definiteness and specificity features of the nominal phrase), *la* for Dative and *a* for Genitive (both of them conditioned by the presence of numerals in the nominal phrase):

(7) *L*   – *am*   *văzut*   *pe*
     Acc. masc. cl. – have I   seen
     colegul   *meu.*
     colleague-the my.
     'I have seen my colleague.'

(8) *Am*   *dat*   *cărţile*   *la*   *trei*   *dintre*
     Have I given books-the to   three   of
     ei.
     them.
     'I gave the books to three of them.'

(9) *Cărţile*   *a*   *trei*   *copii*   *erau*   *noi.*
     Books-the of   three   children   were   new.
     'The books of three children were new.'

Certain linguistic characteristics of Romanian are challenges for computational processing.

3.3 RECENT DEVELOPMENTS

Analogue to the re-latinisation phase in the 19th century after the liberation from the Greek and Turkish domination, Romanian language was passing in the last 20 years through a process of transformation from the totalitarian usage ("langue de bois", unidirectional discourse, etc.) to an open usage in which new linguistic patterns must adapt to the social and cultural transition. Therefore, similar to many other languages, Romanian is going through a continuous process of internationalisation under the influence of the Anglo-Saxon vocabulary.

In essential domains like political, administrative and economic sciences, media, advertising, computers, etc. substantial loans and semantic extensions from English occurred; terminologies in new fields are based on English loans, the active vocabulary of educated people contains more and more anglicisms, new intonation patterns can be observed (especially in media), as well as the use of the second person singular (informal) instead of the second person plural (formal).

In some areas, anglicisms have started to replace existing Romanian vocabulary. One example is the use of English titles in job advertisements, in particular for executive positions, e. g., 'Human Resource Manager' instead of *Director de Resurse Umane*. A strong tendency to overuse anglicisms can also be detected in products advertisements. Banks in Romania use for promotion slogans such as: *Cu cine faci banking?* or *Prima modalitate de plată contactless*, although *banking* or *contactless* are anglicisms that most Romanians are not used to. The example demonstrates the importance of raising awareness for a development that runs the risk of excluding large parts of the population from taking part in information society, namely those who are not familiar with English.

3.4 OFFICIAL LANGUAGE PROTECTION IN ROMANIA

The Romanian Academy, Romania's highest cultural forum, has, as one of its main objectives, the cultivation of the national language. The major goal of its linguistic institutes was building and publishing *Dicţionarul Tezaur al Limbii Române* (the Thesaurus Dictionary of the Romanian Language), a process which took almost one century. The old series, known as *Dicţionarul Academiei* (The Dictionary of the Academy – DA) includes 5 volumes with 3,146 pages and 44,890 entries, and has been developed between 1913 and 1947. After an interruption, the work was restarted in the middle of the 7th decade of the last century with the new series, known as *Dicționarul Limbii Române* (the Dictionary of the Romanian Language – DLR). The last volume was finally published by the Publishing House of the Romanian Academy at the beginning of 2009. In total, DA and DLR have 36 volumes, more than 15,000 pages and about 175,000 entries. The dictionary was created in the traditional pencil-and-paper way, with excerpts collected from more than 2,500 volumes of the written Romanian literature.

The Institute of Linguistics "Iorgu Iordan – Al. Rosetti" has a research program focusing on language cultivation. They elaborate normative dictionaries (*Dicționarul împrumuturilor neadaptate* "Dictionary of non-adapted words", *Dicționarul termenilor oficiali* "Dictionary of official terms", *Dicționar ortografic, ortoepic și morfologic al limbii române* "Orthographic, orthoepic and morphologic dictionary of Romanian") and grammars (*Gramatica limbii române* "Romanian Language Grammar", *Dinamica limbii române actuale* "The Dynamics of Contemporary Romanian").

The Institute of Romanian Philology "A. Philippide" of Iasi, through its specialized departments, develops fundamental projects for the Romanian culture in the areas of lexicography, dialectology, ethnography and folklore. The Institute has collaborated with the linguistic institutes from Bucharest and Cluj-Napoca to create and publish the *Regional Linguistic Atlas*, a work of major importance for the Romanian linguistics. Based on the regional atlases and on the "Atlas of the Moldavian language" elaborated in the Republic of Moldova, the Institute of Linguistics "Iorgu Jordan – Al. Rosetti" is preparing the *Romanian Linguistic Atlas. Synthesis*.

Within the Romanian Academy, two other institutes deal with the protection of the Romanian language: the Institute of History and Literary Theory "G. Călinescu" and the Institute of Ethnography and Folk-

lore "C. Brăiloiu". The Institute of History and Literary Theory "G. Călinescu" has the following lines of research: development of encyclopaedias and fundamental syntheses of the history and literary theory, preservation and development of national literature and defining the national cultural identity in the European context. The Institute of Ethnography and Folklore "Constantin Brăiloiu" is a multidisciplinary research structure whose main task is to develop fundamental and advanced research on traditional and contemporary culture, in rural and urban areas, in the domains of folklore (folkloric literature), ethnomusicology, ethnography and multimedia, unconventional, archives.

Law 500 of 12th November 2004 states that all written or spoken texts in Romanian that serve the public interest must conform to the norms established by the Romanian Academy.

There are over 70 international centres abroad where Romanian is taught as a foreign language by Romanian university teachers.

Institutul Limbii Române (The Institute of the Romanian Language) was created with the aims of promoting Romanian language learning abroad, supporting learners of Romanian and attesting their knowledge of Romanian [14]. There are over 70 international centres abroad where Romanian is taught as a foreign language by Romanian university teachers.

In Romania there is also an increasing interest for studying Romanian among foreigners, not only at the diplomatic level (by representatives of various diplomatic missions of different countries), but also by business people. Besides universities, that offer Romanian as a foreign language classes (usually for foreign students in Romania), there are numerous private firms with classes offered in general to foreigners involved in the economic sector. Romanian summer courses for all levels are organised annually by the Romanian Cultural Foundation in various places of the country and by several high education institutions (such as "Alexandru Ioan Cuza" University of Iași or University of Bucharest).

Language cultivation in the context of accelerated innovation is a priority also for media. The national radio and television channels have programmes in which tricky aspects of language are discussed with specialists and explained to the audience.

3.5 LANGUAGE IN EDUCATION

According to the New National Curriculum (2000) Romanian is taught for 4–5 compulsory classes per week in secondary school and for 3–4 compulsory classes in high school. Prescriptive aspects of language preservation are combined with communication as skilled behaviour and the language-culture relation is emphasised. Romanian language and literature are compulsory subjects for national exams (graduation exam from secondary school and graduation exam from high school; the latter involves two kinds of examination: oral and written).

Romanian language and literature are studied as major and minor subjects in more than 30 state and private universities throughout Romania.

3.6 INTERNATIONAL ASPECTS

Romania is internationally known for its literature, the major works of Eminescu (the great national poet of Romania) being translated into more than 60 languages. Other known names of the Romanian literature are: Mircea Eliade, the first to write a history of religions, Eugen Ionesco, one of the forerunners of the Theatre of the Absurd, or Emil Cioran known for his philosophical system.

Nowadays, the large majority of the scientific publications in the LT field are written in English, although

a Consortium for the Digitalisation of the Romanian Language – ConsILR – organises annually a scientific workshop dedicated to research in LT regarding the Romanian language, with the proceedings written in Romanian. The same situation also holds for other domains, possibly being less prominent for disciplines such as law, philosophy, linguistics or theology.

Similarly, this is true of the business world. In many large and internationally active companies, English has become the *lingua franca*, both in written (emails and documents) and oral communication (e. g., talks), especially in multinational companies with foreign management.

The Consortium for the Digitalisation of Romanian Language – ConsILR – organises annually a scientific workshop dedicated to research in LT regarding the Romanian language.

Language technology can address this challenge from a different perspective by offering services like Machine Translation or cross-lingual information retrieval to foreign language text and thus help diminish personal and economic disadvantages naturally faced by non-native speakers of English.

Romanian minorities live in neighbouring countries and in Diaspora communities all over the world. Romania promotes policies for language and cultural identity preservation of the Romanian communities. The "Euxodius Hurmuzachi" Centre offers hundreds of scholarships a year in Romania for Romanian minorities from neighbouring countries. There are many school and academic exchanges, especially with the Republic of Moldavia. The first Romanian school and university extensions through franchising appeared in the Republic of Moldavia in 2000.

In different communities from the Diaspora, there are various initiatives through which those interested can study Romanian language and culture. For instance,

Romanian Language School in Kitchener, Canada, has classes of Romanian language and culture for children and teenagers.

Romanian Cultural Institutes are established in 19 cities all over the world (including Bucharest, New York, Paris, London, Roma, Istanbul, etc.) and they all have as an important concern the promotion of the Romanian through language classes and cultural events of all types.

3.7 ROMANIAN ON THE INTERNET

The internet market in Romania is in continuous growth. In 2010, 44.2% of the Romanians had access to a computer at home, and 35.5% (i. e., 7,786,700 Romanians) were internet users [15] (with almost 60% of them using the internet daily), which places Romania on the 8th place in a top 10 of internet users from European countries [16]. Over 500,000 websites are registered in the .ro domain.

When compared to the data from 2000, when only 3.6% of the population (800,000) used the internet, we notice an increase of almost 10 times.

A study of the Latin Union in 2007 [17] states that, similar to most of the Romance languages, Romanian had in the 1998–2007 period an increase of the language evolution over the internet. Dividing the web pages percent for every language with the percent of the language's relative presence of speakers in the real world, they computed the vigour of each language (or the weighted presence of the studied languages in cyberspace). Although this coefficient is considered reduced for Romanian (0.62 in 2007, in comparison with

4.44 for English, 2.24 for French, 2.93 for Italian), this is the only language whose vigour increased in the 2005–2007 period (previous to the European Union integration).

The internet offers a wide range of application areas for language technology.

The growing importance of the internet is critical for language technology. The vast amount of digital language data is a key resource for analysing the usage of natural language, in particular, for collecting statistical information about patterns. And the internet offers a wide range of application areas for language technology. The most commonly used web application is search, which involves the automatic processing of language on multiple levels as will be shown in more detail later. Web search involves sophisticated language technology that differs for each language. For the Romanian language, for example, this involves matching s to $ş$ and t to $ţ$.

internet users and providers of web content can also use language technology in less obvious ways, for example, by automatically translating web page contents from one language into another. Despite the high cost of manually translating this content, comparatively little language technology has been developed and applied to the issue of website translation in light of the supposed need. This may be due to the complexity of the Romanian language and to the range of different technologies involved in typical applications.

The next chapter gives an introduction to language technology and its core application areas, together with an evaluation of current language technology support for Romanian.

4

LANGUAGE TECHNOLOGY SUPPORT FOR ROMANIAN

Language technology is used to develop software systems designed to handle human language and are therefore often called "human language technology". Human language comes in spoken and written forms. While speech is the oldest and in terms of human evolution the most natural form of language communication, complex information and most human knowledge is stored and transmitted through the written word. Speech and text technologies process or produce these different forms of language, using dictionaries, rules of grammar, and semantics. This means that language technology (LT) links language to various forms of knowledge, independently of the medium (speech or text) in which it is expressed. Figure 1 illustrates the LT landscape.

When we communicate, we combine language with other modes of communication and information media – for example speaking can involve gestures and facial expressions. Digital texts link to pictures and sounds. Movies may contain language in spoken and written form. In other words, speech and text technologies overlap and interact with other multimodal communication and multimedia technologies.

In this section, we will discuss the main application areas of language technology, i.e., language checking, web search, speech interaction, and machine translation. These applications and basic technologies include

- spelling correction
- authoring support
- computer-assisted language learning

- information retrieval
- information extraction
- text summarisation
- question answering
- speech recognition
- speech synthesis

Language technology is an established area of research with an extensive set of introductory literature. The interested reader is referred to the following works: [18, 19, 20, 21, 22].

Before discussing the above application areas, we will briefly describe the architecture of a typical LT system.

4.1 APPLICATION ARCHITECTURES

Software applications for language processing typically consist of several components that mirror different aspects of language. While such applications tend to be very complex, figure 2 shows a highly simplified architecture of a typical text processing system. The first three modules handle the structure and meaning of the input text:

1. Pre-processing: cleans the data, analyses or removes formatting, detects the input languages, and so on.
2. Grammatical analysis: finds the verb, its objects, modifiers and other sentence elements; detects the sentence structure.

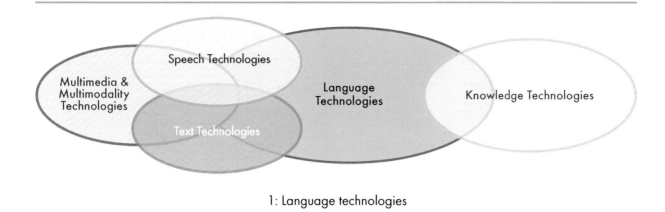

1: Language technologies

3. Semantic analysis: performs disambiguation (i.e., computes the appropriate meaning of words in a given context); resolves anaphora (i.e., which pronouns refer to which nouns in the sentence); represents the meaning of the sentence in a machine-readable way.

After analysing the text, task-specific modules can perform other operations, such as automatic summarisation and database look-ups.

In the remainder of this section, we firstly introduce the core application areas for language technology, and follow this with a brief overview of the state of LT research and education today, and a description of past and present research programmes. Finally, we present an expert estimate of core LT tools and resources for Romanian in terms of various dimensions such as availability, maturity and quality. The general situation of LT for the Romanian language is summarised in figure 7 (p. 71) at the end of this chapter. This table lists all tools and resources that are boldfaced in the text. LT support for Romanian is also compared to other languages that are part of this series.

4.2 CORE APPLICATION AREAS

In this section, we focus on the most important LT tools and resources, and provide an overview of LT activities in Romania and the Republic of Moldova.

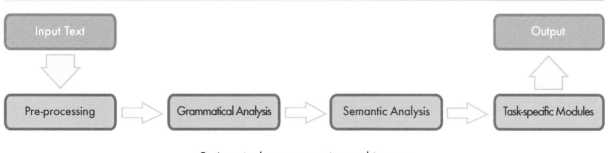

2: A typical text processing architecture

4.2.1 Language Checking

Anyone who has used a word processor such as Microsoft Word knows that it has a spell checker that highlights spelling mistakes and proposes corrections. The first spelling correction programs compared a list of extracted words against a dictionary of correctly spelled words. Today these programs are far more sophisticated. Using language-dependent algorithms for **grammatical analysis**, they detect errors related to morphology (e. g., plural formation) as well as syntax-related errors, such as a missing verb or a verb-subject disagreement (e. g., *she *write a letter*). However, most spell checkers will not find any errors in the following text [54]:

> I have a spelling checker,
> It came with my PC.
> It plane lee marks four my revue
> Miss steaks aye can knot sea.

Handling these kinds of errors usually requires an analysis of the context, e. g., for deciding if a word needs to be written with or without a hyphen in Romanian, as in:

(10)   Plouă întruna de ieri.
        'It keeps raining since yesterday.'

(11)   Într-una din zile am să merg la Paris.
        'One of these days I will go Paris.'

This type of analysis either needs to draw on language-specific **grammars** laboriously coded into the software by experts, or on a statistical language model (see Fig. 3). In this case, a model calculates the probability of a particular word as it occurs in a specific position (e. g., between the words that precede and follow it). For example, *într-una din zile* is a much more probable word sequence than *într-una de ieri*, and *plouă întruna* is more frequent than *plouă într-una*, therefore in the second case, the writing without hyphen is recommended.

A statistical language model can be automatically created by using a large amount of (correct) language data (called a **text corpus**). However, there are cases when not even this could be of any help:

(12)   Plouă întruna din primele zile ale lui martie.
        'It keeps raining since the first days of March.'

(13)   Ploua într-una din primele zile ale lui martie.
        'It rained in one of the first days of March.'

The only discriminating element here is the verb. In the first sentence it is in the present tense, with a durative meaning. In the latter, it is in the past tense. Only the part-of-speech tag has discriminative value in such examples.

Up to now, these approaches have mostly been developed and evaluated on data from English. Neither approach can transfer straightforwardly to Romanian because the latter has richer inflection and many particular constructions.

Language checking is not limited to word processors; it is also used in "authoring support systems", i. e., software environments in which manuals and other types of technical documentation for complex IT, healthcare, engineering and other products are written. To offset customer complaints about incorrect use and damage claims resulting from poorly understood instructions, companies are increasingly focusing on the quality of technical documentation while targeting the international market (via translation or localisation) at the same time. Advances in natural language processing have led to the development of authoring support software, which helps the writer of technical documentation to use vocabulary and sentence structures that are consistent with industry rules and (corporate) terminology restrictions.

Nowadays there are no Romanian companies or Language Service Providers offering products in this area,

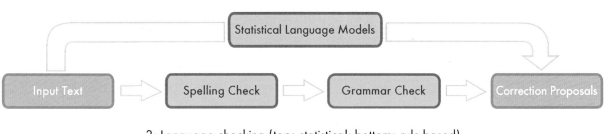

3: Language checking (top: statistical; bottom: rule-based)

although researchers in different natural language processing groups have developed language models tailored for the Romanian language particularities. At the Research Institute for Artificial Intelligence within the Romanian Academy (RACAI), language models for Romanian are created from large corpora. Due to the fact that most of the Romanian texts on the Web are written with no diacritics, RACAI has also developed a diacritics recovery facility [23], intended to indicate the right diacritics form of a word initially written with no diacritics, using a large Romanian lexicon developed by their team and character based 5–gram model to find the most probable interpretation in terms of diacritic occurrences for an unknown word. The approach takes into account the context surrounding the word in a preliminary process of part-of-speech tagging, which is critical for choosing the right word form in the lexicon. For instance, the word "peste" is transformed into "peşte" (fish) in the example below:

(14)   Am cumparat peste.
         'I have bought fish.'

but it is kept as "peste" (over) in:

(15)   Era un pod peste rau.
         'There was a bridge over the river.'

This decision is based on the previous step of part-of-speech tagging in which "peste" in the first example is annotated with a noun tag and the same word in the second example is annotated with a preposition tag

In Romanian, at least 30% of the words in a sentence use diacritic signs, with an average of 1.16 diacritic signs per word. Only approx. 12% of these words can be immediately transformed into their diacritic version (since their non–diacritic form is not a valid word in the Romanian language dictionary). For the rest of the words, the diacritic discovery program is useful.

Language checking is not limited to word processors but also applies to authoring support systems.

Another important step ahead is the collection of reusable linguistic resources for the Romanian language, containing about 1,000,000 inflected Romanian word forms, with morphological information, definitions, synonyms, Romanian–Russian and Romanian–English translations, offered by the Institute of Mathematics and Computer Science, the Academy of Sciences of the Republic of Moldova and freely accessible [24].

Besides spell checkers and authoring support, language checking is also important in the field of computer-assisted language learning. Language checking applications also automatically correct search engine queries, as found in Google's *Did you mean...* suggestions.

4.2.2 Web Search

Searching the Web, intranets or digital libraries is probably the most widely used, yet largely underdeveloped language technology application today. The Google search engine, which started in 1998, now handles about 80% of all search queries [25]. The Google search interface and results page display has not significantly changed since the first version. However, in the current version, Google offers spelling correction for misspelled words and incorporates basic semantic search capabilities that can improve search accuracy by analysing the meaning of terms in a search query context [26]. The Google success story shows that a large volume of data and efficient indexing techniques can deliver satisfactory results using a statistical approach to language processing.

For more sophisticated information requests, it is essential to integrate deeper linguistic knowledge to facilitate text interpretation. Experiments using **lexical resources** such as machine-readable thesauri or ontological language resources (e. g., WordNet for English or the Romanian WordNet [27]) have demonstrated improvements in finding pages using synonyms of the original search terms, such as *energie atomică* [atomic energy] or *energie nucleară* [atomic power or nuclear energy], or even more loosely related terms.

The next generation of search engines will have to include much more sophisticated language technology.

The next generation of search engines will have to include much more sophisticated language technology, especially to deal with search queries consisting of a question or other sentence type rather than a list of keywords. For the query *Give me a list of all companies that were taken over by other companies in the last five years*, a syntactic as well as **semantic analysis** is required. The system also needs to provide an index to quickly retrieve relevant documents. A satisfactory answer will require syntactic parsing to analyse the grammatical structure of the sentence and determine that the user wants companies that have been acquired, rather than companies that have acquired other companies. For the expression *last five years*, the system needs to determine the relevant range of years, taking into account the present year. The query then needs to be matched against a huge amount of unstructured data to find the pieces of information that are relevant to the user's request. This process is called information retrieval, and involves searching and ranking relevant documents. To generate a list of companies, the system also needs to recognise a particular string of words in a document represents a company name, using a process called named entity recognition. A more demanding challenge is matching a query in one language with documents in another language. Cross-lingual information retrieval involves automatically translating the query into all possible source languages and then translating the results back into the user's target language.

Now that data is increasingly found in non-textual formats, there is a need for services that deliver multimedia information retrieval by searching images, audio files and video data. In the case of audio and video files, a speech recognition module must convert the speech content into text (or into a phonetic representation) that can then be matched against a user query.

In Romania, natural language-based search technologies are not considered for industrial applications yet. Instead, open source based technologies like Lucene are often used by search-focused companies to provide the basic search infrastructure. However, research groups from "Alexandru Ioan Cuza" University of Iasi (UAIC) and RACAI have developed different modules that constitute the backbones of a semantic search tool, such as part-of-speech tagger, syntactic parsers, semantic parsers, named-entity recognisers, indexing tools, multimedia information retrieval, etc. However, their coverage and outreach are fairly limited so far.

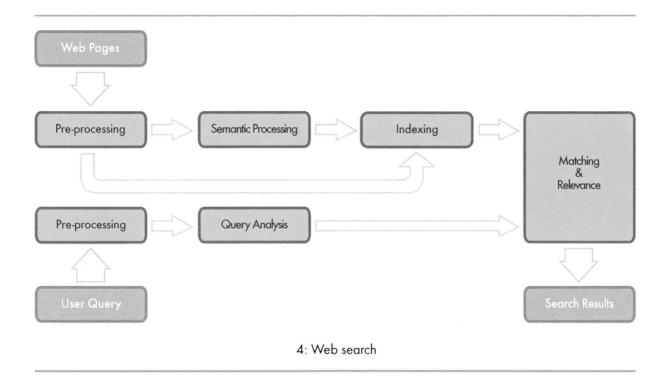

4: Web search

At RACAI, a part-of-speech tagger able to identify the lemma (dictionary form) and the part of speech of words in texts is available as a web service [28]. For instance, if the user's query for a web search contains *evenimente* (events), the root (or lemmatised form) of the word can be used instead for search, i. e., *eveniment* (event) [29].

Another module developed by researchers both at UAIC and RACAI is a named-entity recogniser, which, given a text containing persons, companies, organisations, events, etc. (all referred as named-entities), identifies these entities in the text. For the example:

(16)   Maria și-a luat bilet la concertul trupei din
         vară de la Paris.
         'Mary bought a ticket for the band's concert
         this summer in Paris.'

this system recognises *Maria* as a female person, *this summer* as a temporal reference, and *Paris* as a place.

A semantic parser developed at UAIC [30] is also available for the Romanian language, being able to identify,

in a given sentence, the different roles entities play. For instance, for the sentence above, the system identifies *Maria* as the doer of the action and *a ticket for the band's concert* as the good being purchased. Similarly, in the example below:

(17)   Maria și-a luat fără ezitare bilet pentru a-și
         vedea trupa preferată.
         'Mary bought a ticket without hesitation to
         see her favourite band.'

without hesitation represents the manner in which Mary bought the ticket, and *to see her favourite band* represents the reason for the acquisition of her ticket. This system was developed on the basis of a corpus of annotated semantic roles [31], built in order to align the Romanian language to the semantic resources existing for English.

Recently, a group of researchers at UAIC have tackled automatic image detection and annotation, in order to develop a web search image tool [32]. However, this system is still in an incipient stage.

4.2.3 Speech Interaction

Speech interaction is one of the many application areas that depend on speech technology, i. e., technologies for processing spoken language. Speech interaction technology is used to create interfaces that enable users to interact in spoken language instead of using a graphical display, keyboard and mouse. Today, these voice user interfaces (VUI) are used for partially or fully automated telephone services provided by companies to customers, employees or partners. Business domains that rely heavily on VUIs include banking, supply chain, public transportation, and telecommunications. Other uses of speech interaction technology include interfaces to car navigation systems and the use of spoken language as an alternative to the graphical or touchscreen interfaces in smartphones.

Speech interaction technology comprises four technologies:

1. Automatic **speech recognition** (ASR) determines which words are actually spoken in a given sequence of sounds uttered by a user.

2. Natural language understanding analyses the syntactic structure of a user's utterance and interprets it according to the system in question.

3. Dialogue management determines which action to take given the user's input and the system functionality.

4. **Speech synthesis** (text-to-speech or TTS) transforms the system's reply into sounds for the user.

One of the major challenges of ASR systems is to accurately recognise the words a user utters. This means restricting the range of possible user utterances to a limited set of keywords, or manually creating language models that cover a large range of natural language utterances. Using machine learning techniques, language models can also be generated automatically from **speech corpora**, i. e., large collections of speech audio files and text transcriptions. Restricting utterances usually forces people to use the voice user interface in a rigid way and can damage user acceptance; but the creation, tuning and maintenance of rich language models will significantly increase costs. VUIs that employ language models and initially allow users to express their intent more flexibly – prompted by a *How may I help you?* greeting – tend to be automated and are better accepted by users.

Companies tend to use utterances pre-recorded by professional speakers for generating the output of the voice user interface. For static utterances where the wording does not depend on particular contexts of use or personal user data, this can deliver a rich user experience. But more dynamic content in an utterance may suffer from unnatural intonation because different parts of audio files have simply been strung together. Through optimisation, today's TTS systems are getting better at producing naturally-sounding dynamic utterances.

Interfaces in speech interaction have been considerably standardised during the last decade in terms of their various technological components. There has also been a strong market consolidation in speech recognition and speech synthesis. The national markets in the G20 countries (economically resilient countries with high populations) have been dominated by just five global players, with Nuance (USA) and Loquendo (Italy) being the most prominent players in Europe. In 2011, Nuance announced the acquisition of Loquendo, which represents a further step in market consolidation.

The speech recognition and analysis field is one of the less represented in Romania. On the Romanian TTS market, there are solutions commercialised by international companies (like MBROLA or IVONA), but with reduced accuracy and fluency. Car equipments and telecommunications companies, such as Continental and Orange, have recently started to allocate resources for specialised departments for speech processing, adapting existing solutions to their specific needs.

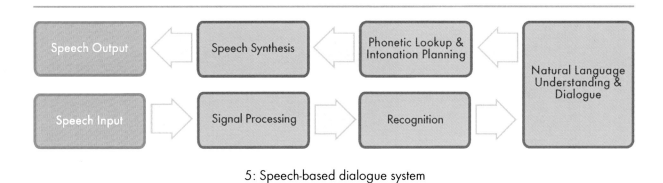

5: Speech-based dialogue system

On the other side, research in this direction is performed at University of Bucharest and at the Institute for Computer Science within the Romanian Academy, Iasi Branch. Most researchers focus on text to speech synthesis, while the speech interpretation area is not so well developed yet.

Speech interaction is the basis for interfaces that allow a user to interact with spoken language.

Looking ahead, there will be significant changes, due to the spread of smartphones as a new platform for managing customer relationships, in addition to landline phones, internet and e-mail. This will also affect the way in which speech interaction technology is used. In the long run, there will be fewer telephone-based VUIs, and spoken language apps will play a far more central role as a user-friendly input for smartphones. This will be largely driven by stepwise improvements in the accuracy of speaker-independent speech recognition via the speech dictation services already offered as centralised services to smartphone users.

4.2.4 Machine Translation

The idea of using digital computers to translate natural languages goes back to 1946 and was followed by substantial funding for research during the 1950s and again in the 1980s. Yet **machine translation** (MT) still cannot meet its initial promise of across-the-board automated translation.

The most basic approach to machine translation is the automatic replacement of the words in a text written in one natural language with the equivalent words of another language. This can be useful in subject domains that have a very restricted, formulaic language such as weather reports. However, in order to produce a good translation of less restricted texts, larger text units (phrases, sentences or even whole passages) need to be matched to their closest counterparts in the target language.

The major difficulty is that human language is ambiguous. Ambiguity creates challenges on multiple levels, such as word sense disambiguation at the lexical level (a *jaguar* is a brand of car or an animal) or the prepositional phrase attachment at the syntactic level, for example:

(18) Polițistul <u>a văzut</u> omul <u>cu telescopul.</u>
'The policeman <u>saw</u> the man
with the telescope.'

(19) Polițistul a văzut <u>omul</u> <u>cu arma</u>.
'The policeman saw <u>the man</u> with <u>the gun</u>.'

One way to build an MT system is to use linguistic rules. For translations between closely related languages, a translation using direct substitution may be feasible in cases such as the above example. However, rule-based

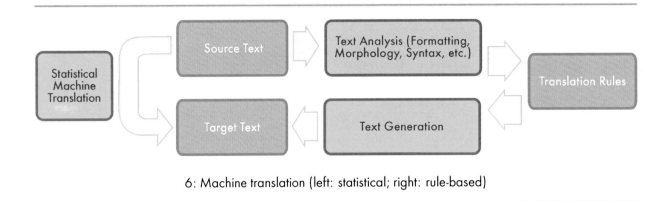

6: Machine translation (left: statistical; right: rule-based)

(or linguistic knowledge-driven) systems often analyse the input text and create an intermediary symbolic representation from which the target language text can be generated.

The success of these methods is highly dependent on the availability of extensive lexicons with morphological, syntactic, and semantic information, and large sets of grammar rules carefully designed by skilled linguists. This is a very long and therefore costly process.

In the late 1980s when computational power increased and became cheaper, interest in statistical models for machine translation began to grow. Statistical models are derived from analysing bilingual text corpora, **parallel corpora**, such as the Europarl parallel corpus, which contains the proceedings of the European Parliament in 21 European languages.

Given enough data, statistical MT works well enough to derive an approximate meaning of a foreign language text by processing parallel versions and finding plausible patterns of words. Unlike knowledge-driven systems, however, statistical (or data-driven) MT systems often generate ungrammatical output. Data-driven MT is advantageous because less human effort is required and it can also cover special particularities of the language (e. g., idiomatic expressions) that are often ignored in knowledge-driven systems.

The strengths and weaknesses of knowledge-driven and data-driven machine translation tend to be complemen-

tary, so that nowadays researchers focus on hybrid approaches that combine both methodologies. One such approach uses both knowledge-driven and data-driven systems, together with a selection module that decides on the best output for each sentence. However, results for sentences longer than, say, 12 words, will often be far from perfect. A more effective solution is to combine the best parts of each sentence from multiple outputs; this can be fairly complex, as corresponding parts of multiple alternatives are not always obvious and need to be aligned.

There is still a huge potential for improving the quality of MT systems. The challenges involve adapting language resources to a given subject domain or user area, and integrating the technology into workflows that already have term bases and translation memories. Another problem is that most of the current systems are English-centred and only support a few languages from and into Romanian. This leads to friction in the translation workflow and forces MT users to learn different lexicon coding tools for different systems.

Evaluation campaigns help to compare the quality of MT systems, the different approaches and the status of the systems for different language pairs. Figure 7 (p. 28), which was prepared during the Euromatrix+ project, shows the pair-wise performances obtained for 22 of the 23 official EU languages (Irish was not compared). The results are ranked according to a BLEU score, which indicates higher scores for better translations [33]. A human translator would normally achieve a score of around 80 points.

The best results (in green and blue) were achieved for languages that benefit from considerable research effort in coordinated programmes and the existence of many parallel corpora (e. g., English, French, Dutch, Spanish and German). The languages with poorer results are shown in red. These languages either lack such development efforts or are structurally very different from other languages (e. g., Hungarian, Maltese and Finnish).

The machine translation field is among the most attractive fields in language technologies in the eyes of industrials. Thus, companies such as Language Weaver work on translating from/to Romanian using various linguistic techniques. The major online translation systems include Romanian as both source and target language, and a multitude of online dictionaries are available for Romanian.

At its basic level, Machine Translation simply substitutes words in one natural language with words in another language.

Important research efforts were and continue to be dedicated to Machine Translation with Romanian as a source or target language by Romanian researchers from different centres. Good results are reported for an experiment of Statistical Machine Translation for English–Romanian pair in terms of comparison with contemporary performance of Google Translate for the same pair [35].

Moreover, at RACAI there are already 5 years of experimenting in MT with different approaches like Example-Based Machine Translation, Statistical Machine Translation, extracting Machine Translation data from comparable corpora, etc. Two PhD Theses, accompanied by various papers and supported by different national or

international projects like STAR and ACCURAT, are dedicated to this field [36, 37].

4.3 OTHER APPLICATION AREAS

Building language technology applications involves a range of subtasks that do not always surface at the level of interaction with the user, but they provide significant service functionalities "behind the scenes" of the system in question. They all form important research issues that have now evolved into individual sub-disciplines of computational linguistics.

Question answering, for example, is an active area of research for which annotated corpora have been built and scientific competitions have been initiated. The concept of question answering goes beyond keyword-based searches (in which the search engine responds by delivering a collection of potentially relevant documents) and enables users to ask a concrete question to which the system provides a single answer. For example:

Question: How old was Neil Armstrong when he stepped on the moon?
Answer: 38.

While question answering is obviously related to the core area of web search, it is nowadays an umbrella term for such research issues as which different types of questions exist, and how they should be handled; how a set of documents that potentially contain the answer can be analysed and compared (do they provide conflicting answers?); and how specific information (the answer) can be reliably extracted from a document without ignoring the context.

Question answering is in turn related to information extraction (IE), an area that was extremely popular and influential when computational linguistics took a statistical turn in the early 1990s. IE aims to identify specific pieces of information in specific classes of documents, such as the key players in company takeovers as reported in newspaper stories. Another common scenario that has been studied is reports on terrorist incidents. The task here consists of mapping appropriate parts of the text to a template that specifies the perpetrator, target, time, location and results of the incident. Domain-specific template-filling is the central characteristic of IE, which makes it another example of a "behind the scenes" technology that forms a well-demarcated research area, which in practice needs to be embedded into a suitable application environment.

Text summarisation and **text generation** are two borderline areas that can act either as standalone applications or play a supporting role. Summarisation attempts to give the essentials of a long text in a short form, and is one of the features available in Microsoft Word. It mostly uses a statistical approach to identify the "important" words in a text (i. e., words that occur very frequently in the text in question but less frequently in general language use) and determine which sentences contain the most of these "important" words. These sentences are then extracted and put together to create the summary. In this very common commercial scenario, summarisation is simply a form of sentence extraction, and the text is reduced to a subset of its sentences.

A drawback of this approach is that it ignores the referential expressions that could occur in the initial text and be kept in the summary. Thus, due to sentence elimination, their antecedents may not be present anymore, resulting in incomprehensible reading. For example, consider the following text to be summarised:

Hercules, of all of Zeus's illegitimate children seemed to be the focus of Hera's anger. She sent a two-headed serpent to attack him when he was just an infant.

The summary of this very short fragment, using the sentence elimination method, could be:

She sent a two-headed serpent to attack him.

which is really incomprehensible if no explanation is provided of who is *she* or *him*. One way to increase the coherence of such summaries is to firstly derive the discourse structure of the text and to guide the selection of the sentences to be included into the summary by a score that considers both the relevance of the sentence in a discourse tree and the coherence of the text, as given by solving anaphoric references [38]. For the summary example above, solving anaphoric references means identifying "she" as Hera and "him" as Hercules. Thus, the provided summary becomes readable:

Hera sent a two-headed serpent to attack Hercules.

The UAIC summariser adopted this method, yielding good summaries for relatively short initial texts [39]. This direction is further developed at UAIC by introducing semantic information in the automatic process of summary building [40].

An alternative approach, for which some research has been carried out, is to generate brand new sentences that do not exist in the source text.

Language technology applications often provide significant service functionalities behind the scenes of larger software systems.

This requires deeper understanding of the text, which means that so far this approach is far less robust. This method can also be applied in the case of very large texts, such as a whole novel, where neither the determination of most significant sentences based on occurrences of frequent words, nor building discourse structures could be of help. In these cases, other methods, mainly expanding a collection of predefined flexible summary patterns (based for instance on the genre of the novel, or on some data on the main characters of the novel, a time and place positioning, and a rather shallow sketch of the initiation of the action) could be applied.

On the whole, a text generator is rarely used as a stand-alone application but is embedded into a larger software environment, such as a clinical information system that collects, stores and processes patient data. Creating reports is just one of many applications for text summarisation.

For Romanian, research in most text technologies is much less developed than for English.

For the Romanian language, research in these text technologies is much less developed than for the gEnglish language. Question answering, information extraction, and summarisation have been the focus of numerous open competitions in the USA since the 1990s, primarily organised by the government-sponsored organisations DARPA and NIST. These competitions have significantly improved the start-of-the-art, but their focus has mostly been on the English language. However, Romanian teams from UAIC and RACAI have participated after 2006 at question answering competitions with good results [41]. The main remaining drawback is the small size of annotated corpora or other resources for these tasks. Summarisation systems, when using purely statistical methods, are often to a good extent language-independent, and thus prototypes are available also for Romanian. At UAIC, a summarisation tool based on discourse structure and anaphora resolution, developed for Romanian texts, is available.

Adjacent domains recently attacked by Romanian research teams include computational lexicology, e-learning, and sentiment/opinion analysis.

A consortium of five research institutes and one university (UAIC) has recently been involved in transforming the Thesaurus Dictionary of the Romanian Language (about 35 volumes, from 1913 onwards) in electronic form. The main objective was to transform the approx. 13.000 pages of the Dictionary in structured electronic form, allowing complex searches, but also a much more facile editing and continuous updating activity [42].

More useful access to the lexicographic material of a language is facilitated by semantic networks in the form of wordnets. The Romanian WordNet has been undergoing development for eight years and has more than 57,000 synsets in which almost 60,000 literals occur. They are distributed in four parts of speech: nouns, verbs, adjectives and adverbs. Each synset contains a set of words (with associated sense numbers) that are synonyms. The synsets are the nodes of the network, while its arcs are the semantic relations between synsets: hyponymy (the *is-a* relation), meronymy, entailment, cause, and others. The Romanian WordNet is aligned to the Princeton WordNet [43], the oldest and largest wordnet. The synsets have DOMAINS labels: each synset is labelled with the name of the domain in which it is used. Moreover, Romanian WordNet is aligned to the largest freely available ontology, SUMO&MILO [44]. It is also used in various applications developed for Romanian: Question Answering, Word Sense Disambiguation, Machine Translation.

An application developed at the Human Language Engineering Laboratory is an experiment of a database for word associations for Romanian vocabulary [45]. One essential tasks for cognitive scientists is to map out the rich networks of associations that exist between words. Such a network is of a great importance for several fields such as natural language processing, computational linguistics, lexicography and others.

A different domain in which UAIC researchers have been involved is the e-learning domain, by incorporating multilingual language technology tools and semantic web techniques for improving the retrieval of learning material. The developed technology facilitates personalised access to knowledge within learning management systems and support cooperation in content management.

The newest domain of interest in the natural language processing field is sentiment/opinion analysis. Thus, having a text, the software identifies if the text has a positive or negative emotional load. Research in this direction, for the Romanian language, started at RACAI with the use of SentiWordNet, a sentiment annotation of the WordNet [46]. At UAIC, research in this direction involved collaboration with a private organisation, Intelligentics, in order to develop a system able to monitor the Web and extract user's opinion (forum, blogs, social networks, etc.) about different products [47]. At the Human Language Engineering Laboratory in the Republic of Moldova, the work on sentiment analysis lead to the translation of WordNet-Affect [48], that contains information about the emotions that words convey, into Romanian and Russian. WordNet-Affect has been developed starting from the WordNet lexical knowledge base. Affective labels were manually assigned to WordNet synsets for nouns, adjectives, verbs and adverbs which convey affective meaning. Words labelled with the affective tag were further divided into six emotional categories: joy, fear, anger, sadness, disgust and surprise. WordNet-Affect is freely available for research purposes [50].

4.4 EDUCATIONAL PROGRAMMES

Language technology is a very interdisciplinary field that involves the combined expertise of linguists, computer scientists, mathematicians, philosophers, psycholinguists, and neuroscientists among others. As a result, it has not acquired a clear, independent existence in the Romanian faculty system. Many universities in Romania and in the Republic of Moldova recently introduced natural language processing and computational linguistics courses at bachelor, master and PhD level. Since 2001, a master in computational linguistics was initiated as part of the Faculty of Computer Science at the "Alexandru Ioan Cuza" University of Iaşi. Still, a consolidated higher education system in natural language processing and computational linguistics is yet to be configured.

The most representative centres in computational linguistics dealing with Romanian language are in Bucharest, Iaşi, Cluj, Timişoara and Craiova, in Romania, and Chişinev – in the Republic of Moldova. Among the multitude of universities and research centres where teams work in this domain, we can mention the Romanian Academy Research Institute for Artificial Intelligence in Bucharest; the Romanian Academy Institute for Computer Science in Iaşi; the Department of Computer Science at the "Alexandru Ioan Cuza" University of Iaşi; the Faculty of Mathematics-Informatics of the Babeş-Bolyai University of Cluj-Napoca; the Institute of Mathematics and Computer Science, Academy of Sciences of the Republic of Moldova; the Human Language Engineering Laboratory within the Applied Informatics Department, Faculty of Computers, Informatics and Microelectronics at the Technical University of the Republic of Moldova, etc. Some of these centres work in common national and international projects in the LT domain.

The common meeting points of most researchers in the LT domain are, besides international conferences abroad, a series of international events that intend to bring together young students and mature professionals, linguists and computer scientists, which are held periodically in Romania: the ConsILR events – Consortium for the Digitalisation of Romanian Language [51], the EUROLAN series of international summer schools, the SPED conferences – Speech Technology and Human-Computer Dialogue, the KEPT conferences – Knowledge Engineering: Principles and Techniques, ECIT – the European Conferences on Intelligent Systems and Technologies, etc.

Computational linguistics is an exotic topic and is either located in the computer science faculties or in the humanities, focusing therefore either on the linguistic aspects, or on the engineering ones, the research topics only partially overlapping. Another major drawback of this landscape is the minor involvement of ICT companies in LT research (although they have recently begun to be more present in the educational life).

4.5 NATIONAL PROJECTS AND INITIATIVES

The industries using and providing LT in Romania are certainly important and vital (BitDefender, Continental, Nokia, etc.), but a better cooperation between them and the research institutes and universities is necessary, as the latter are the most actively involved in research in this domain. An important issue is the "ezoteric character" of LT, which could be solved through a good marketing strategy. Language industry is not a significant employer in Romanian, rather few companies working in the Information Communication Technology (ICT) domain having already developed LT departments.

Previous national programs have led to an initial impulse, but subsequent financial aid missing or not attractive enough has lead to a loss of interest from major ICT players and young researchers, formed by universities and the Academy. One of the programs of collaboration between industry and education that has a good impact and results in Romania is the MSDN Academic Alliance, offering students free access to different Microsoft technologies.

The main research laboratories conducting activities in LT in Romania are RACAI in the Romanian Academy, Bucharest; the Department of Computer Science of the "Alexandru Ioan Cuza" University in Iasi, and the Institute of Computer Science of the Romanian Academy, also in Iasi, which hosts the Voiced Sounds of Romanian Language – an online repository of recorded Romanian voices. As for research programs, UAIC and RACAI have been involved in several national or international research programs, intended to develop existing or new language technologies. Among these, some European funded projects are worth mentioning: ACCURAT-RO (Analysis and evaluation of Comparable Corpora for Under Resourced Areas of machine Translation), See-ERANET (Machine Translation Systems for Balkan Languages), the FP7 project CLARIN (Interoperable Linguistic Resources Infrastructure for Romanian), BALKANET (which built a network of aligned wordnets for Balkan languages), the FP6 project LT4eL (Language Technology for e-Learning), the INTAS project RoLTech (Platform For Romanian Language Technology: Resources, Tools and Interfaces), Roric-Ling, ALEAR project (Artificial Language Evolution for Autonomous Robots), the PSP-ICT projects METANET4U (Enhancing Multilingual European Infrastructure) and ATLAS (Applied Technologies for Content Management Systems Using Natural Language), etc. Some nationally funded projects also existed, such as: STAR (A System for Machine Translation for Romanian), SIR-RESDEC (Open Domain Question Answering System for Romanian and English), ROTEL (intelligent systems for the Semantic Web, based on the logic of ontologies and NLP), eDTLR (The Romanian Thesaurus Dictionary in electronic form), among others.

The market for language technologies can only be estimated and will most probably get a boost by mobile appliances, the Apple iPad and similar products, (educational) games, etc.

As we have seen, previous programmes have led to the development of a number of LT tools and resources for the Romanian language. The following section summarises the current state of LT support for Romanian.

4.6 AVAILABILITY OF TOOLS AND RESOURCES

Figure 7 provides a rating for language technology support for the Romanian language. This rating of existing tools and resources was generated by leading experts in the field who provided estimates based on a scale from 0 (very low) to 6 (very high) using seven criteria.

The key results for Romanian language technology can be summed up as follows:

- Even if, in general, all LT fields are covered, there are three fields that are not yet considered for the Romanian language by researchers: language generation, dialogue management systems, and multimodal corpora building.

- Although different parsing technologies are available for the Romanian language, a reference Treebank corpus, to be used as benchmark when testing automated parses, is yet unsatisfactory.

- Speech processing is currently much less mature than LT for written text, both in terms of corpora and instruments.

- If relatively significant work can be seen in NLP fields such as tokenisation, sentence semantics or question answering systems, LT fields dealing with more complex phenomena, such as deep syntactic analysis or advanced discourse processing still need more attention.

- Resources for the Romanian language are less represented than instruments, although they are essential for testing the designed tools.

- With some exception, as the Web services for basic language processing, morphological analysis, question answering tools and machine translation systems, the existing tools for the Romanian language are not completely freely available, nor out of the box systems.

- The LT tools for Romanian cover wide domains for the sentence semantics and information retrieval fields, while being relatively domain-restricted for the other tasks.

- From the existing LT tools for Romanian, the mature ones are freely available.

- If the different tools are not necessarily further maintained, the few resources for Romanian have good quality and are mostly sustainable.

- Since most tools are based on language models or machine learning techniques, their adaptability is generally good, which is not the case for language resources.

- Many of these tools, resources and data formats do not meet industry standards and cannot be sustained effectively. A concerted programme is required to standardise data formats and APIs.

- The scores different experts gave to the same LT field were usually relatively similar, mostly on availability, which suggest that the existing instruments and resources for Romanian are widely disseminated. Sometimes however, concerning sustainability and coverage, the expert gave scores that differ by more than half the total score. The main areas of disagreement were: reference corpora, semantics corpora, grammars, and ontological resources.

- The raw containing information about language models may be slightly debatable, since some experts gave scores considering the written language models, while others considered models for Romanian spoken language and gave low scores.

- A legally unclear situation restricts the usage of digital texts, such as those published online by newspapers, for empirical linguistics and language technology research, for example, to train statistical language models. Together with politicians and policy makers, researchers should try to establish laws

	Quantity	Availability	Quality	Coverage	Maturity	Sustainability	Adaptability
Language Technology: Tools, Technologies and Applications							
Speech Recognition	2	1	1.8	1.4	2	2	2
Speech Synthesis	1	1	1.2	1.4	2	2	1
Grammatical analysis	4	3.5	4	3.6	4.5	3.5	4
Semantic analysis	3.3	3	3	3	3.6	4	4
Text generation	0	0	0	0	0	0	0
Machine translation	3	4	3.2	2.4	4	4	4
Language Resources: Resources, Data and Knowledge Bases							
Text corpora	2	2	2.4	2.4	3	2.5	3
Speech corpora	3	2	2.4	1.2	3	3	3
Parallel corpora	4	5	3.2	2.4	5	5	4
Lexical resources	4	3	3.6	3.2	5	4.5	4
Grammars	2	2	2.4	1.6	2	3	3

7: State of language technology support for Romanian

or regulations that enable researchers to use publicly available texts for language-related R&D activities.

In a number of specific areas of Romanian language research, we have software with limited functionality available today. Obviously, further research efforts are required to meet the current deficit in processing texts on a deeper semantic level and to address the lack of resources such as parallel corpora for machine translation.

4.7 CROSS-LANGUAGE COMPARISON

The current state of LT support varies considerably from one language community to another. In order to compare the situation between languages, this section will present an evaluation based on two sample application areas (machine translation and speech processing)

and one underlying technology (text analysis), as well as basic resources needed for building LT applications. The languages were categorised using the following five-point scale:

1. Excellent support
2. Good support
3. Moderate support
4. Fragmentary support
5. Weak or no support

Language Technology support was measured according to the following criteria:

Speech Processing: Quality of existing speech recognition technologies, quality of existing speech synthesis technologies, coverage of domains, number and size of existing speech corpora, amount and variety of available speech-based applications.

Machine Translation: Quality of existing MT technologies, number of language pairs covered, coverage of linguistic phenomena and domains, quality and size of existing parallel corpora, amount and variety of available MT applications.

Text Analysis: Quality and coverage of existing text analysis technologies (morphology, syntax, semantics), coverage of linguistic phenomena and domains, amount and variety of available applications, quality and size of existing (annotated) text corpora, quality and coverage of existing lexical resources (e. g., WordNet) and grammars.

Resources: Quality and size of existing text corpora, speech corpora and parallel corpora, quality and coverage of existing lexical resources and grammars.

Figures 8 to 11 show that LT resources and tools for Romanian have started to be developed, but do not reach the quality and coverage of comparable resources and tools for the English language, which is in the lead in almost all LT areas. And there are still plenty of gaps in English language resources with regard to high quality applications.

For speech processing, although at international level current technologies perform well enough to be successfully integrated into a number of industrial applications such as spoken dialogue and dictation systems, the Romanian language lacks a good representation in this domain. However, text analysis components and language resources already cover the linguistic phenomena of Romanian to a certain extent and form part of many applications involving mostly shallow natural language processing, e. g. spelling correction and authoring support.

For building more sophisticated applications, such as machine translation, there is a clear need for resources and technologies that cover a wider range of linguistic aspects and enable a deep semantic analysis of the input text. By improving the quality and coverage of these basic resources and technologies, we shall be able to open up new opportunities for tackling a broader range of advanced application areas, including high-quality machine translation.

4.8 CONCLUSIONS

In this series of white papers, we have made an important effort by assessing the language technology support for 30 European languages, and by providing a high-level comparison across these languages. By identifying the gaps, needs and deficits, the European language technology community and its related stakeholders are now in a position to design a large scale research and development programme aimed at building a truly multilingual, technology-enabled communication across Europe.

The results of this white paper series show that there is a dramatic difference in language technology support between the various European languages. While there are good quality software and resources available for some languages and application areas, others, usually smaller languages, have substantial gaps. Many languages lack basic technologies for text analysis and the essential resources. Others have basic tools and resources but the implementation of for example semantic methods is still far away. Therefore a large-scale effort is needed to attain the ambitious goal of providing high-quality language technology support for all European languages, for example through high quality machine translation.

In the case of the Romanian language, we can be cautiously optimistic about the current state of language technology support. Research in universities and academia from Romania and the Republic of Moldova was successful in designing particular high quality software, as well as models and theories widely applicable. However, the scope of the resources and the range of tools are still very limited when compared to English, and they are simply not sufficient in quality and quantity to develop the kind of technologies required to support a truly multilingual knowledge society.

However, it is nearly impossible to come up with sustainable and standardised solutions given the current relatively low level of linguistic resources. There is a tremendous need for linguistic resources, from raw texts on Romanian to heavily annotated data, where particular linguistic phenomena are highlighted by markings contributed by experts. Since the best known source of raw texts are electronic copies of printed publications, an awareness campaign addressing the publishing houses, in order to persuade them to donate part of their textual productions for research purposes, is very much necessary [52].

Technologies already developed and optimised for the English language cannot be simply transferred to handle Romanian. English-based systems for parsing (syntactic and grammatical analysis of sentence structure) typically perform far less well on Romanian texts, due to the specific characteristics of the Romanian language.

Language generation and dialogue management systems are LT fields where much research is still needed for the Romanian language. Speech technologies and corpora should also be closely considered in order to align Romanian to the standards of other European languages.

Our findings lead to the conclusion that the only way forward is to make a substantial effort to create language technology resources for Romanian, as a means to push forward research, innovation and development. The need for large amounts of data and the extreme complexity of language technology systems makes it vital to develop an infrastructure and a coherent research organisation to spur greater sharing and cooperation.

Finally, there is a lack of continuity in research and development funding. Short-term coordinated programmes tend to alternate with periods of sparse or zero funding.

The long term goal of META-NET is to enable the creation of high-quality language technology for all languages. This requires all stakeholders – in politics, research, business, and society – to unite their efforts. The resulting technology will help tear down existing barriers and build bridges between Europe's languages, paving the way for political and economic unity through cultural diversity.

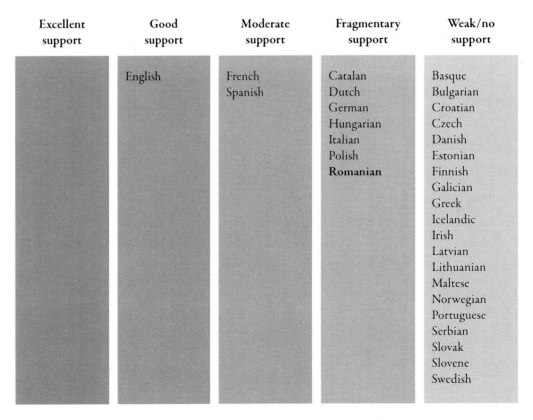

Excellent support	Good support	Moderate support	Fragmentary support	Weak/no support
	English	Czech Dutch Finnish French German Italian Portuguese Spanish	Basque Bulgarian Catalan Danish Estonian Galician Greek Hungarian Irish Norwegian Polish Serbian Slovak Slovene Swedish	Croatian Icelandic Latvian Lithuanian Maltese **Romanian**

8: Speech processing: state of language technology support for 30 European languages

Excellent support	Good support	Moderate support	Fragmentary support	Weak/no support
	English	French Spanish	Catalan Dutch German Hungarian Italian Polish **Romanian**	Basque Bulgarian Croatian Czech Danish Estonian Finnish Galician Greek Icelandic Irish Latvian Lithuanian Maltese Norwegian Portuguese Serbian Slovak Slovene Swedish

9: Machine translation: state of language technology support for 30 European languages

Excellent support	Good support	Moderate support	Fragmentary support	Weak/no support
	English	Dutch	Basque	Croatian
		French	Bulgarian	Estonian
		German	Catalan	Icelandic
		Italian	Czech	Irish
		Spanish	Danish	Latvian
			Finnish	Lithuanian
			Galician	Maltese
			Greek	Serbian
			Hungarian	
			Norwegian	
			Polish	
			Portuguese	
			Romanian	
			Slovak	
			Slovene	
			Swedish	

10: Text analysis: state of language technology support for 30 European languages

Excellent support	Good support	Moderate support	Fragmentary support	Weak/no support
	English	Czech	Basque	Icelandic
		Dutch	Bulgarian	Irish
		French	Catalan	Latvian
		German	Croatian	Lithuanian
		Hungarian	Danish	Maltese
		Italian	Estonian	
		Polish	Finnish	
		Spanish	Galician	
		Swedish	Greek	
			Norwegian	
			Portuguese	
			Romanian	
			Serbian	
			Slovak	
			Slovene	

11: Speech and text resources: state of support for 30 European languages

5

ABOUT META-NET

META-NET is a Network of Excellence partially funded by the European Commission. The network currently consists of 54 research centres in 33 European countries [53]. META-NET forges META, the Multilingual Europe Technology Alliance, a growing community of language technology professionals and organisations in Europe. META-NET fosters the technological foundations for a truly multilingual European information society that:

- makes communication and cooperation possible across languages;
- grants all Europeans equal access to information and knowledge regardless of their language;
- builds upon and advances functionalities of networked information technology.

The network supports a Europe that unites as a single digital market and information space. It stimulates and promotes multilingual technologies for all European languages. These technologies support automatic translation, content production, information processing and knowledge management for a wide variety of subject domains and applications. They also enable intuitive language-based interfaces to technology ranging from household electronics, machinery and vehicles to computers and robots. Launched on 1 February 2010, META-NET has already conducted various activities in its three lines of action META-VISION, META-SHARE and META-RESEARCH.

META-VISION fosters a dynamic and influential stakeholder community that unites around a shared vision and a common strategic research agenda (SRA).

The main focus of this activity is to build a coherent and cohesive LT community in Europe by bringing together representatives from highly fragmented and diverse groups of stakeholders. The present White Paper was prepared together with volumes for 29 other languages. The shared technology vision was developed in three sectorial Vision Groups. The META Technology Council was established in order to discuss and to prepare the SRA based on the vision in close interaction with the entire LT community.

META-SHARE creates an open, distributed facility for exchanging and sharing resources. The peer-to-peer network of repositories will contain language data, tools and web services that are documented with high-quality metadata and organised in standardised categories. The resources can be readily accessed and uniformly searched. The available resources include free, open source materials as well as restricted, commercially available, fee-based items.

META-RESEARCH builds bridges to related technology fields. This activity seeks to leverage advances in other fields and to capitalise on innovative research that can benefit language technology. In particular, the action line focuses on conducting leading-edge research in machine translation, collecting data, preparing data sets and organising language resources for evaluation purposes; compiling inventories of tools and methods; and organising workshops and training events for members of the community.

office@meta-net.eu – http://www.meta-net.eu

REFERINȚE REFERENCES BIBLIOGRAFICE

[1] Aljoscha Burchardt, Markus Egg, Kathrin Eichler, Brigitte Krenn, Jörn Kreutel, Annette Leßmöllmann, Georg Rehm, Manfred Stede, Hans Uszkoreit, and Martin Volk. *Die Deutsche Sprache im Digitalen Zeitalter – The German Language in the Digital Age*. META-NET White Paper Series. Georg Rehm and Hans Uszkoreit (Series Editors). Springer, 2012.

[2] Aljoscha Burchardt, Georg Rehm, and Felix Sasaki. The Future European Multilingual Information Society – Vision Paper for a Strategic Research Agenda (Societatea informațională europeană multilingvă a viitorului – Dezvoltarea unei agende strategice de cercetare), 2011. http://www.meta-net.eu/vision/reports/meta-net-vision-paper.pdf.

[3] Directorate-General Information Society & Media of the European Commission (Directoratul general pentru Societatea Informațională și Media al Comisiei Europene). User Language Preferences Online (Preferințele lingvistice online ale utilizatorilor), 2011. http://ec.europa.eu/public_opinion/flash/fl_313_en.pdf.

[4] European Commission (Comisia Europeană). Multilingualism: an Asset for Europe and a Shared Commitment (Multilingvism: un avantaj pentru Europa și un angajament comun), 2008. http://ec.europa.eu/languages/pdf/comm2008_en.pdf.

[5] Directorate-General of the UNESCO (Directoratul General UNESCO). Intersectoral Mid-term Strategy on Languages and Multilingualism (Strategie intersectorială pe termen mediu privind limbile și multilingvismul), 2007. http://unesdoc.unesco.org/images/0015/001503/150335e.pdf.

[6] Directorate-General for Translation of the European Commission (Directoratul General pentru Traduceri al Comisiei Europene). Size of the Language Industry in the EU (Dimensiunile industriei limbajului in UE), 2009. http://ec.europa.eu/dgs/translation/publications/studies.

[7] Ioana Vintilă-Rădulescu. Limba română din perspective integrării în Uniunea Europeană (Romanian language from the perspective of its integration in the European Union). http://www.unibuc.ro/ro/limba_romn_din_perspectiva_integrrii_europene.

[8] Institutul Național de Statistică (National Institute of Statistics). Anuar statistic 2009 (Statistical Yearbook 2009), 2009. http://www.insse.ro/cms/files/Anuarstatistic/02/02Populatie_en.pdf.

[9] Biroul Naţional de Statistică al Republicii Moldova (Bureau of Statistics of the Republic of Moldova). Bază de date statistică (Statistical database), 2011. http://statbank.statistica.md.

[10] Wikipedia. Romanian Diaspora (Diaspora românească), 2011. http://en.wikipedia.org/wiki/Romanian_diaspora.

[11] Marius Sala editor. Enciclopedia limbii române (Encyclopaedia of the Romanian Language), 2006. ediţia a 2-a (2nd Edition).

[12] European Federation of National Institutions for Language (Federaţia Europeană a Institutelor Naţionale de Limbă). Legal framework (Cadru legislativ), 2007. http://www.efnil.org/documents/language-legislation-version-2007/romania.

[13] Grigore Brâncuş. Vocabularul autohton al limbii române (The Autochthone Vocabulary of the Romanian Language). *Editura Ştiinţifică şi Tehnică (Scientific and Technical Publishing House)*, 1983.

[14] Institutul Limbii Române (Institute for the Romanian Language). Lectorate de limba română (Romanian language programs abroad). http://www.ilr.ro/plr.php?lmb=1.

[15] Miniwatts Marketing Group. Romania - Internet Usage Stats and Market Report (Statistici privind folosirea internetului şi raport al pieţei - România). http://www.internetworldstats.com/eu/ro.htm.

[16] Miniwatts Marketing Group. Internet Usage in the European Union (Folosirea internetului în Uniunea Europeană). http://www.internetworldstats.com/stats9.htm.

[17] Uniunea Latină (Latin Union). Limbile şi culturile pe internet (Languages and cultures over the Internet). http://dtil.unilat.org/LI/2007/index_ro.htm.

[18] Kai-Uwe Carstensen, Christian Ebert, Cornelia Ebert, Susanne Jekat, Hagen Langer, and Ralf Klabunde, editors. *Computerlinguistik und Sprachtechnologie: Eine Einführung (Lingvistică computaţională şi tehnologia limbajului: o introducere)*. Spektrum Akademischer Verlag, 2009.

[19] Daniel Jurafsky and James H. Martin. *Speech and Language Processing (Prelucrarea limbajului şi a vorbirii)*. Prentice Hall, 2nd edition, 2009.

[20] Christopher D. Manning and Hinrich Schütze. *Foundations of Statistical Natural Language Processing (Fundamentele procesării statistice a limbajului natural)*. MIT Press, 1999.

[21] Language Technology World (LT World). http://www.lt-world.org/.

[22] Ronald Cole, Joseph Mariani, Hans Uszkoreit, Giovanni Battista Varile, Annie Zaenen, and Antonio Zampolli, editors. *Survey of the State of the Art in Human Language Technology (Privire de ansamblu asupra tehnologiei actuale a limbajului natural)*. Cambridge University Press, 1998.

[23] Dan Tufiş and Alexandru Ceauşu. DIAC+: A Professional Diacritics Recovering System (diac+: Un sistem profesional de recuperare a diacriticelor). In *Proceedings of Language Resources and Evaluation Conference – LREC 2008*, 2008.

[24] Institutul de Matematică şi Informatică, Academia de Ştiinţe a Moldovei, Chişinău (Institute of Mathematics, Computer Science, Academy of Sciences of Republic of Moldova, and Chisinau). Resurse refolosibile pentru tehnologia limbajului românesc (Reusable Resources for Romanian Language Technology). http://www.math.md/elrr/.

[25] Spiegel Online. Google zieht weiter davon (Google încă îşi surclasează concurenţa), 2009. http://www.spiegel.de/netzwelt/web/0,1518,619398,00.html.

[26] Juan Carlos Perez. Google Rolls out Semantic Search Capabilities (Google începe să folosească informaţii semantice pentru căutare), 2009. http://www.pcworld.com/businesscenter/article/161869/google_rolls_out_semantic_search_capabilities.html.

[27] Dan Tufiş, Ion Radu, Luigi Bozianu, Alexandru Ceauşu, and Dan Ştefănescu. Romanian Wordnet: Current State, New Applications and Prospects (Wordnet-ul românesc: stadiu actual, aplicaţii şi perspective). In *Proceedings of 4th Global WordNet Conference, GWC-2008*, pages 441–452, 2008.

[28] Research Institute for Artificial Intelligence (Institutul de Cercetări pentru Inteligenţa Artificială). Xml Web Services (Servicii Web XML). www.racai.ro/WebServices.

[29] Dan Tufiş, Ion Radu, Alexandru Ceauşu, and Dan Ştefănescu. RACAI's Linguistic Web Services (Serviciile web lingvistice ale RACAI). In *Proceedings of Language Resources and Evaluation Conference - LREC 2008*, 2008.

[30] Diana Trandabăţ. Mining Romanian Texts for semantic knowledge (Identificarea informaţiilor semantice în textele româneşti). In *Proceedings of ISDA 2011*, Cordoba, Spain, 2011.

[31] Diana Trandabăţ. Towards automatic cross-lingual transfer of semantic annotation (Transferul automat a adnotării semantice de la o limbă la alta). In *6e Rencontres Jeunes Chercheurs en Recherche d'Information RJCRI-CORIA 2011*, 2011.

[32] Adrian Iftene, Loredana Vamanu, and Cosmina Croitoru. UAIC at ImageCLEF 2009 Photo Annotation Task (Participarea UAIC la adnotarea de imagini din cadrul ImageCLEF2009). In *C. Peters et al. (Eds.): CLEF 2009, LNCS 6242, Part II (Multilingual Information Access Evaluation Vol. II Multimedia Experiments)*, pages 283–286, 2010.

[33] Kishore Papineni, Salim Roukos, Todd Ward, and Wei-Jing Zhu. BLEU: A Method for Automatic Evaluation of Machine Translation (BLEU: O metodă pentru evaluarea automată a traducerii automate). In *Proceedings of the 40th Annual Meeting of ACL*, Philadelphia, PA, 2002.

[34] Philipp Koehn, Alexandra Birch, and Ralf Steinberger. 462 Machine Translation Systems for Europe (462 de sisteme de traducere automată pentru Europa). In *Proceedings of MT Summit XII*, 2009.

[35] Daniel Marcu and Dragoș S. Munteanu. Statistical Machine Translation: An English-Romanian Experiment (Traducere automată statistică: un experiment englez-român), 2005. Invited talk.

[36] Dan Tufiș and Alexandru Ceaușu. Factored Phrase-Based Statistical Machine Translation (Traducere automată statistică bazat pe grupuri factoriale). In *Proceedings of the 5th Conference "Speech Technology and Human-Computer Dialogue" – SpeD 2009*, 2009.

[37] Elena Irimia. EBMT experiments for the English-Romanian Language Pair (Experimente de EBMT pentru perechea de limbi engleză-română). In *International Joint Conference Intelligent Information Systems (IIS 2009)*, Kraków, Poland, 2009.

[38] Dan Cristea and Adrian Iftene. If you want your talk be fluent, think lazy! Grounding coherence properties of discourse (Dacă vrei sa vorbești fluent, gândește leneș! Ancorarea proprietăților anaforei în discurs), 2011. Invited Talk.

[39] Dan Cristea, Oana Postolache, and Ionuț Pistol. Summarisation through Discourse Structure (Rezumare folosind structura de discurs). In *Computational Linguistics and Intelligent Text Processing, Proceedings of CICLing 2005, LNSC, vol. 3406*, pages 632–644, 2005.

[40] Diana Trandabăț. Using semantic roles to improve summaries (Folosirea rolurilor semantice pentru îmbunătățirea rezumatelor). In *Proceedings of the 13th European Workshop on Natural Language Generation ENLG2011*, pages 164–169, 2011.

[41] Adrian Iftene, Diana Trandabăț, Alex Moruz, Ionuț Pistol, Maria Husarciuc, and Dan Cristea. Question Answering on English and Romanian Languages (Sisteme de Întrebare-Răspuns pentru limbile engleză și română). In *Peters et al. (Eds.): CLEF 2009, LNCS 6241, Part I.*, pages 229–236, 2010.

[42] Dan Cristea. Steps towards an electronic version of the Thesaurus Dictionary of the Romanian language (Spre o versiune electronică a Dicționarului Tezaur al Limbii Române). In *Proceedings of the IVth National Conference The Academic Days of the Academy of Technical Science of Romania, Agir Publishing House*, 2009.

[43] Princeton University (Universitatea din Princeton). WordNet, a lexical database for English (WordNet, o bază de date lexicală pentru limba engleză). http://wordnet.princeton.edu/.

[44] Institutul de Cercetări pentru Inteligența Artificială (Research Institute for Artificial Intelligence). WordNet-ul românesc (Romanian WordNet browser). http://www.racai.ro/wnbrowser/.

[45] Laboratorul de Inginerie a Limbajului Uman, Departamentul de Informatică Aplicată, Facultatea de Informatică, Calculatoare și Microelectronică, Universitatea Tehnică a Republicii Moldova (Human Language Engineering Laboratory, Applied Informatics Department, Computers, Informatics, Microelectronics Faculty, and Technical University of Moldova). Dicționarul semantic bazat pe asociații (Semantic dictionary based on associations). http://lilu.fcim.utm.md/asociere.

[46] Dan Tufiş and Dan Ştefănescu. Experiments with a Differential Semantics Annotation for Wordnet 3.0 (Experimente cu adnotare semantică diferenţială pentru Wordnet 3.0). In *Proceedings of the 2nd Workshop on Computational Approaches to Subjectivity and Sentiment Analysis (ACL-WASSA2011)*, pages 19–27, Portland, Oregon, USA, 2011.

[47] Alex Lucian Gînscă, Emanuela Boroş, Adrian Iftene, Diana Trandabăţ, Mihai Toader, Marius Corîci, Augusto Perez, and Dan Cristea. Sentimatrix – Multilingual Sentiment Analysis Service (Sentimatrix – un serviciu multilingv de analiză a sentimentelor). In *Proceedings of the 2nd Workshop on Computational Approaches to Subjectivity and Sentiment Analysis (ACL-WASSA2011)*, Portland, Oregon, USA, 2011.

[48] Marina Sokolova and Victoria Bobicev. Classification of Emotion Words in Russian and Romanian Languages (Clasificarea cuvintelor emoţionale în limbile rusă şi română). In *Proceedings of RANLP-2009*, Borovets, Bulgaria, 2009.

[49] Carlo Strapparava and Alessandro Valitutti. WordNet-Affect: an Affective Extension of WordNet (WordNet-Affect: o extensie afectivă a Wordnet-ului). In *Proceedings of the 4th International Conference on Language Resources and Evaluation (LREC 2004)*, pages 1083–1086, Lisbon, Portugal, 2004.

[50] Fondazioe Bruno Kessler HLT Research Unit (Fundaţia Bruno Kessler Unitatea de Cercetare în TLU). Wordnet - affect. http://wndomains.fbk.eu/wnaffect.html.

[51] Seria de Ateliere de lucru "Instrumente şi resurse lingvistice pentru limba română" (Workshop series on "Instruments and Tools for the Romanian Language Processing"). Editura Universităţii 'A.I. Cuza' Iasi.

[52] Dan Cristea. Resurse lingvistice în flux continuu (Linguistic resources in a continuous flux – in Romanian). In *Lucrările Atelierului de lucru "Instrumente şi resurse lingvistice pentru limba română" 2010 (Proceedings of the Workshop "Instruments and Tools for the Romanian Language Processing" 2010)*, Bucharest, Romania, 2010.

[53] Georg Rehm and Hans Uszkoreit. Multilingual Europe: A challenge for language tech (o europă multilingvă: O provocare pentru tehnologiile limbajului). *MultiLingual*, 22(3):51–52, April/May 2011.

[54] Jerrold H. Zar. Candidate for a Pullet Surprise. *Journal of Irreproducible Results*, page 13, 1994.

MEMBRII META-NET   META-NET MEMBERS

Austria	Austria	Zentrum für Translationswissenschaft, Universität Wien: Gerhard Budin
Belgia	Belgium	Computational Linguistics and Psycholinguistics Research Centre, University of Antwerp: Walter Daelemans
		Centre for Processing Speech and Images, University of Leuven: Dirk van Compernolle
Bulgaria	Bulgaria	Institute for Bulgarian Language, Bulgarian Academy of Sciences: Svetla Koeva
Cehia	Czech Republic	Institute of Formal and Applied Linguistics, Charles University in Prague: Jan Hajič
Cipru	Cyprus	Language Centre, School of Humanities: Jack Burston
Croația	Croatia	Institute of Linguistics, Faculty of Humanities and Social Science, University of Zagreb: Marko Tadić
Danemarca	Denmark	Centre for Language Technology, University of Copenhagen: Bolette Sandford Pedersen, Bente Maegaard
Estonia	Estonia	Institute of Computer Science, University of Tartu: Tiit Roosmaa, Kadri Vider
Elveția	Switzerland	Idiap Research Institute: Hervé Bourlard
Finlanda	Finland	Computational Cognitive Systems Research Group, Aalto University: Timo Honkela
		Department of Modern Languages, University of Helsinki: Kimmo Koskenniemi, Krister Lindén
Franța	France	Centre National de la Recherche Scientifique, Laboratoire d'Informatique pour la Mécanique et les Sciences de l'Ingénieur and Institute for Multilingual and Multimedia Information: Joseph Mariani
		Evaluations and Language Resources Distribution Agency: Khalid Choukri
Germania	Germany	Language Technology Lab, DFKI: Hans Uszkoreit, Georg Rehm
		Human Language Technology and Pattern Recognition, RWTH Aachen University: Hermann Ney
		Department of Computational Linguistics, Saarland University: Manfred Pinkal
Grecia	Greece	R.C. "Athena", Institute for Language and Speech Processing: Stelios Piperidis
Irlanda	Ireland	School of Computing, Dublin City University: Josef van Genabith
Islanda	Iceland	School of Humanities, University of Iceland: Eiríkur Rögnvaldsson
Italia	Italy	Consiglio Nazionale delle Ricerche, Istituto di Linguistica Computazionale "Antonio Zampolli": Nicoletta Calzolari

		Human Language Technology Research Unit, Fondazione Bruno Kessler: Bernardo Magnini
Letonia	Latvia	Tilde: Andrejs Vasiļjevs
		Institute of Mathematics and Computer Science, University of Latvia: Inguna Skadiņa
Lituania	Lithuania	Institute of the Lithuanian Language: Jolanta Zabarskaitė
Luxemburg	Luxembourg	Arax Ltd.: Vartkes Goetcherian
Malta	Malta	Department Intelligent Computer Systems, University of Malta: Mike Rosner
Marea Britanie	UK	School of Computer Science, University of Manchester: Sophia Ananiadou
		Institute for Language, Cognition and Computation, Center for Speech Technology Research, University of Edinburgh: Steve Renals
		Research Institute of Informatics and Language Processing, University of Wolverhampton: Ruslan Mitkov
Norvegia	Norway	Department of Linguistic, Literary and Aesthetic Studies, University of Bergen: Koenraad De Smedt
		Department of Informatics, Language Technology Group, University of Oslo: Stephan Oepen
Olanda	Netherlands	Utrecht Institute of Linguistics, Utrecht University: Jan Odijk
		Computational Linguistics, University of Groningen: Gertjan van Noord
Polonia	Poland	Institute of Computer Science, Polish Academy of Sciences: Adam Przepiórkowski, Maciej Ogrodniczuk
		University of Łódź: Barbara Lewandowska-Tomaszczyk, Piotr Pęzik
		Department of Computer Linguistics and Artificial Intelligence, Adam Mickiewicz University: Zygmunt Vetulani
Portugalia	Portugal	University of Lisbon: António Branco, Amália Mendes
		Spoken Language Systems Laboratory, Institute for Systems Engineering and Computers: Isabel Trancoso
România	Romania	Research Institute for Artificial Intelligence, Romanian Academy of Sciences: Dan Tufiș
		Faculty of Computer Science, University Alexandru Ioan Cuza of Iași: Dan Cristea
Serbia	Serbia	University of Belgrade, Faculty of Mathematics: Duško Vitas, Cvetana Krstev, Ivan Obradović
		Pupin Institute: Sanja Vraneš
Slovacia	Slovakia	Ľudovít Štúr Institute of Linguistics, Slovak Academy of Sciences: Radovan Garabík
Slovenia	Slovenia	Jožef Stefan Institute: Marko Grobelnik
Spania	Spain	Barcelona Media: Toni Badia, Maite Melero

Institut Universitari de Lingüística Aplicada, Universitat Pompeu Fabra: Núria Bel

Aholab Signal Processing Laboratory, University of the Basque Country:
Inma Hernaez Rioja

Center for Language and Speech Technologies and Applications, Universitat Politèc-
nica de Catalunya: Asunción Moreno

Department of Signal Processing and Communications, University of Vigo:
Carmen García Mateo

| Suedia | Sweden | Department of Swedish, University of Gothenburg: Lars Borin |
| Ungaria | Hungary | Research Institute for Linguistics, Hungarian Academy of Sciences: Tamás Váradi |

Department of Telecommunications and Media Informatics, Budapest University of
Technology and Economics: Géza Németh, Gábor Olaszy

În jur de 100 de experți – reprezentanți ai țărilor și limbilor reprezentate în META-NET – au discutat și finalizat rezultatele cheie și mesajele Seriei de rapoarte la o întâlnire META-NET care a avut loc la Berlin, Germania, pe 21–22 octombrie 2011. – About 100 language technology experts – representatives of the countries and languages represented in META-NET – discussed and finalised the key results and messages of the White Paper Series at a META-NET meeting in Berlin, Germany, on October 21/22, 2011.

≡C

SERIA DE   THE META-NET
STUDII META-NET   WHITE PAPER SERIES

bască	Basque	euskara
bulgară	Bulgarian	български
catalană	Catalan	català
cehă	Czech	čeština
croată	Croatian	hrvatski
daneză	Danish	dansk
germană	German	Deutsch
engleză	English	English
estoniană	Estonian	eesti
finlandeză	Finnish	suomi
franceză	French	français
galițiană	Galician	galego
greacă	Greek	ελληνικά
islandeză	Icelandic	íslenska
irlandeză	Irish	Gaeilge
italiană	Italian	italiano
letonă	Latvian	latviešu valoda
lituaniană	Lithuanian	lietuvių kalba
maghiară	Hungarian	magyar
malteză	Maltese	Malti
olandeză	Dutch	Nederlands
norvegiană Bokmål	Norwegian Bokmål	bokmål
norvegiană Nynorsk	Norwegian Nynorsk	nynorsk
poloneză	Polish	polski
portugheză	Portuguese	português
română	Romanian	română
sârbă	Serbian	српски
slovacă	Slovak	slovenčina
slovenă	Slovene	slovenščina
spaniolă	Spanish	español
suedeză	Swedish	svenska